utb 4141

Eine Arbeitsgemeinschaft der Verlage

Böhlau Verlag · Wien · Köln · Weimar
Verlag Barbara Budrich · Opladen · Toronto
facultas · Wien
Wilhelm Fink · Paderborn
A. Francke Verlag · Tübingen
Haupt Verlag · Bern
Verlag Julius Klinkhardt · Bad Heilbrunn
Mohr Siebeck · Tübingen
Nomos Verlagsgesellschaft · Baden-Baden
Ernst Reinhardt Verlag · München · Basel
Ferdinand Schöningh · Paderborn
Eugen Ulmer Verlag · Stuttgart
UVK Verlagsgesellschaft · Konstanz, mit UVK/Lucius · München
Vandenhoeck & Ruprecht · Göttingen · Bristol
Waxmann · Münster · New York

Kompetent lehren
Herausgegeben von Sabine Brendel

Band VI
Gerd Bräuer
Das Portfolio als Reflexionsmedium
für Lehrende und Studierende

Gerd Bräuer

Das Portfolio als Reflexionsmedium für Lehrende und Studierende

2., erweiterte Auflage

Verlag Barbara Budrich
Opladen & Toronto 2016

Der Autor:
Dr. Gerd Bräuer,
Schreibpädagoge und Berater für Portfolioarbeit an Hochschulen und Universitäten, www.literacy-management.com

Bibliografische Information der Deutschen Nationalbibliothek
Die Deutsche Nationalbibliothek verzeichnet diese Publikation in der Deutschen Nationalbibliografie; detaillierte bibliografische Daten sind im Internet über http://dnb.d-nb.de abrufbar.

Gedruckt auf säurefreiem und alterungsbeständigem Papier.

Stauffenbergstr. 7 | D-51379 Leverkusen | info@budrich.de
www.budrich.de

utb-Nr. 4141
ISBN 978-3-8252-4632-4

Satz: Susanne Albrecht-Rosenkranz, Leverkusen, info@lektorat-albrecht.de
Umschlaggestaltung: Atelier Reichert, Stuttgart
Druck: Libri Plureos, Hamburg
Printed in Germany

Inhalt

Abbildungen

Tabellenverzeichnis

Vorwort

Gelernt wird bekanntlich immer und überall. Aber Lernen als *reflexive Praxis* scheint tiefer zu gehen und nachhaltiger zu wirken. Diese Überzeugung vertritt der Autor des 6. Bandes der Reihe „Kompetent lehren". Er stellt sich damit in eine angelsächsische Tradition, die mit dem „Vater des Portfolios an der Uni", Peter Elbow, jemanden an der Spitze stehen hat, der, wie Gerd Bräuer, reflexive Praxis als schreibpädagogisches und hochschuldidaktisches Phänomen versteht.

Das Genre, in dem Reflexionsprozesse von Studierenden am deutlichsten sichtbar werden, ist das Portfolio. Die Forderung, Portfolios als zentrale, weil wichtige Form in der Lehre und Prüfung einzusetzen, ist inzwischen auch in der deutschsprachigen Hochschullehre angekommen. Indem der vorliegende Band das Portfolio ausführlich bespricht, ist er also sehr aktuell. Der Weg, den der Autor dabei beschreitet, ist im deutschsprachigen Umfeld ungewohnt, denn er nähert sich dem Gegenstand nicht von seinem Äußeren, seiner Phänomänologie her, sondern von seinem inneren und damit eigentlichen Anspruch, nämlich: Studierende zur Reflexion über Erkenntnisgegenstände, aber auch über ihre eigenen Lernprozesse anzuregen, indem diese sichtbar und damit für Feedbeck und Dialog zugänglich gemacht werden. Deshalb sind noch andere, kleinere Formen *reflexiver Praxis* wie Tagebuch und Arbeitsjournal Thema (vgl. Kap. 1.3) im Buch.

Für die verschiedenen Formen der *reflexiven Praxis* werden Aufgabenformen vorgestellt, mit denen Lernprozesse bei den Einzelnen wie auch in Gruppen angeregt werden: das Arbeitsjournal, das Portfolio in seinen verschiedenen Ausgestaltungs- und Unterformen, wie z. B. das schreibdidaktische Glossar.

Immer geht es dabei um eine Aufgabendidaktik, die Studierende, aber auch Lehrende unterstützen und darin fördern soll, mittels Reflexion die Qualität des Lernens und Lehrens zu erhöhen. *Reflexive Praxis* in ihren verschiedenen Formen leistet nämlich noch mehr: Sie fördert, ja fordert die Kommunikation zwischen den Lehrenden und den Studierenden und provoziert so eine Beziehungsgestaltung zwischen Lernenden und Lehrenden, die dem Lernen auf beiden Seiten sehr dienlich sein kann. Denn auch die Lehrperson erhält durch die verschiedenen Formen von *reflexiver Praxis* an der Hochschule mehr Chancen, wie durch immer wieder angesetzte Mikroskope die Lernprozesse einzelner Lernender zu erkennen - und diese für die gesamte Lerngruppe wie auch für die Steuerung des gemeinsamen, aber auch des eigenen Lernprozesses nutzbar zu machen.

Kurzum: Wenn Sie Studierende zum Nachdenken über ihre Erkenntnisse und Lernprozesse anregen wollen, wenn Sie diese zum Austausch untereinander anstiften und mit ihnen in eine spannende und auch für Sie lehrreiche Diskussion kommen wollen, sollten Sie dieses Buch mit seinen vielen hilfreichen Hinweisen für den Einsatz in Ihrer Lehre lesen!

Sabine Brendel
Zürich, im Februar 2014

Ein herzliches Dankeschön des Buchautors, Gerd Bräuer, geht an Helen Barrett (Seattle/USA) für die Bereitstellung ihrer aussagekräftigen Abbildungen zum ePortfolio und an Patrick Lenz für die Bearbeitung der anderen Abbildungen. Vielen Dank auch an Anke Beyer und Ermuthe Schiller für ihre akribische Arbeit an Lektorat bzw. Endkorrektur. Das Buch wäre ohne die umfassende Unterstützung von Sabine Brendel als Herausgeberin der Reihe „Kompetent lehren" und von Miriam von Maydell vom Verlag Barbara Budrich nicht zustande gekommen - herzlichen Dank!

Einleitung

Hand auf's Herz: Wissen Sie wirklich, was die Studierenden in Ihren Lehrveranstaltungen brauchen, um die von Ihnen anvisierten Kompetenzen zu erreichen? Wollen sie Ihre Ziele überhaupt erreichen? Wenn ja, dann vielleicht auf ganz anderen Wegen als den von Ihnen vorgeschlagenen? Oder würden sich einige Ihrer Studierenden vielleicht viel lieber mit anderen Themen auseinandersetzen? Wer sagt Ihnen eigentlich, dass Ihre Ausbildungsziele den aktuellen Erfordernissen in den von den Studierenden angestrebten Berufsfeldern entsprechen? Oder anders gefragt: Würden Sie Ihre Hand dafür ins Feuer legen, dass die Studierenden durch Ihre Lehrveranstaltungen zu einem höheren Grad erwerbsfähig werden (*employability*), d.h., dass sie mit dem Rüstzeug aus Ihrer Lehre einen Job finden und dort in den ersten Jahren ihres Berufslebens bestehen können? Wenn Sie bereit sind, über diese und ähnliche Fragen nachzudenken, dabei die eigene Lehrpraxis kritisch zu betrachten und bei Bedarf über Handlungsalternativen nachzudenken, dann gehören Sie zu der von mir mit diesem Buch angezielten Leserschaft.

Und damit habe ich auch schon den Kern der in diesem Buch vorgestellten Methode, *reflexive Praxis*, umrissen: das aktuelle Handeln in der Lehre dokumentieren, es als Teil der individuellen Entwicklung als Lehrperson betrachten, die Herkunft der Stärken und Schwächen des aktuellen Handelns in der Lehre erkennen und dieses Handeln stärkenorientiert verändern. Im **ersten Kapitel** dieses Buches finden Sie dazu eine theoretische Einführung in die reflexive Praxis.

Indem Sie Verantwortung für die Qualität Ihrer Lehre übernehmen, schaffen Sie die Grundlage für einen Qualitätszuwachs im Studium. Und damit bin ich beim zweiten Ziel dieses Buches: Sie auf hochschuldidaktischer Ebene anzuleiten, die Reflexionskompetenz Ihrer Studierenden zu verbessern und sie damit in die Lage zu versetzen, konkret Verantwortung zu übernehmen für das, was sie im Studium tun oder lassen. Dafür werde ich Ihnen im **zweiten Kapitel** das hochschuldidaktische Rüstzeug liefern und im **dritten Kapitel** Grundszenarien für reflexive Praxis in der Lehre vorstellen.

Reflexive Praxis, wie sie in diesem Buch dargestellt wird, ist Mittel und Medium für die Kommunikation zwischen Lehrenden und Studierenden im Rahmen der Hochschule bzw. Universität. Besonders durch die Verwendung von Portfolios als Gestaltungsform reflexiver Praxis begegnen Sie den Studierenden auf Augenhöhe: Beide Seiten diskutieren nicht nur disziplinspezifische Aspekte der Lehre, sondern handeln auch die Erwartungen, Bedürfnisse und Spielregeln für die gemeinsame Bildungsarbeit aus. Auf diese Weise konstruieren alle Beteiligten eine Praxis- und Diskursgemeinschaft – Lehre und Studium werden situiert anstatt abgehalten bzw. absolviert.

Ich habe mich bemüht, das zentrale Anliegen reflexiver Praxis – die Verknüpfung von Vergangenem, Gegenwärtigem und Zukünftigem – auch bei der Gestaltung des Buches zu berücksichtigen. Da ich reflexive Praxis zuerst einmal als eine sehr persönliche Handlung verstehe, habe ich mich entschlossen, Sie, die Leserinnen und Leser dieses Buches, direkt anzusprechen. Das finde ich angemessen, schon allein wegen meiner wiederholten Bitte an Sie, Ihre individuellen Erfahrungen, Bedürfnisse und Vorstellungen zu reflektieren. Für diesen Zweck habe ich mir zwei Rubriken überlegt, denen Sie im Verlaufe Ihrer Lektüre immer wieder begegnen werden: *„Erinnern Sie sich"* – das könnte man mit der Aufforderung zum Tagebuchschreiben oder zur Biografiearbeit vergleichen. *„Stellen Sie sich vor"* – das zielt auf Ihre Imagination ab, mit Ideen als Alternativen zum bisherigen Handeln zu spielen, schriftlich festgehalten in Ihrem Arbeitsjournal als eine Art Zukunftswerkstatt.

Die beiden anderen Rubriken, die sich durch dieses Buch hindurchziehen, sprechen ebenfalls die persönliche Ebene an, auch wenn der Blickwinkel hier von meiner Praxis aus erfolgt: *„Ein Blick in die Praxis"* – unter dieser Rubrik werde ich theoretische Aussagen konkretisieren, indem ich Erfahrungen darstelle, die ich in meiner Arbeit am Schreibzentrum der Pädagogischen Hochschule Freiburg, aber auch davor, während meiner langen Zeit an amerikanischen Universitäten im Bereich Schreiben als reflexive Praxis gesammelt habe. Mit *„Ideen für Ihre Lehre"* möchte ich Ihnen den Transfer der im Buch dargestellten

Informationen in Ihre eigene Lehrpraxis erleichtern. Für diese Rubrik greife ich, neben meinen eigenen Erfahrungen, auf den reichen Fundus im angelsächsischen und deutschen Diskurs zur reflexiven Praxis zurück.

Reflexive Praxis ermöglicht nach Donald A. Schön (1987) ein vertieftes Verständnis des aktuellen Handelns im Spannungsfeld von bereits erlebtem und antizipiertem Handeln und dadurch die Optimierung zukünftiger Handlungssteuerung. Zum Beispiel im schriftlichen Reflektieren während des Handlungsverlaufes („reflection in action") bzw. im Rückblick („reflection on action") sieht Schön einen Übergang vom Erfahrungslernen hin zur gezielten, professionellen Weiterentwicklung (vgl. ebenda). Lange vor Schön hatte Dewey (1933) bereits auf das Potenzial von Reflexion aufmerksam gemacht, das weit über das Sich-Erinnern und das Erfahren hinausreichen und bewusstes Lernen in Gestalt reflexiven Denkens initiieren kann. Dewey definiert reflexives Denken wie folgt: „Active, persistent and careful consideration of any belief or supposed form of knowledge in the light of the grounds that support it, and the further conclusions to which it tends, constitutes reflective thought." (ebenda: 7)

Erste Didaktisierungsvorschläge für diese Erkenntnisse im Zusammenhang mit Studium und beruflicher Weiterbildung stecken in den Lernkreisläufen von Kolb (1984) und Pedler/Burgoyne/Boydell (1988), an die hier nur visuell erinnert werden soll:

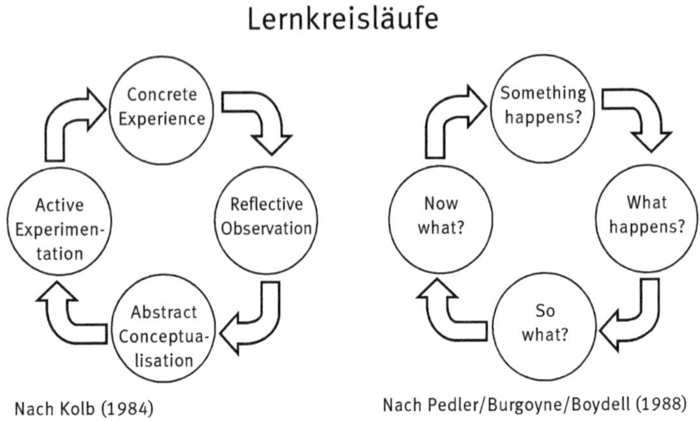

Abb. 1: Die Lernkreisläufe nach Kolb (1984) und Pedler/Burgoyne/Boydell (1988)

Reflexive Praxis in Form der im Buch vorgeschlagenen Lern- bzw. Präsentationsportfolios (siehe Kap. 3.2 und 3.3) kann Studierenden helfen, ihre Lernerbiografie und das damit zusammenhängende persönliche Entwicklungspotenzial besser wahrzunehmen, ihren aktuellen Lernstand (z.B. in Ihrer Lehrveranstaltung) einzuschätzen und Arbeitsergebnisse konkret darzustellen. Auf diese Weise wird wirkungsvolle, individuelle Förderung durch Sie als Lehrperson möglich, aber auch durch die Ausbildungseinrichtung als Ganzes mit ihrem extra-curricularen Unterstützungssystem (z.B. akademisches Schreibzentrum, Studienberatung, Career Center). Erst wenn Sie als Lehrende Ihre Studierenden und deren Bedürfnisse detailliert kennenlernen, wird es Ihnen möglich sein, die eigene Lehre auf die Erfordernisse der von Ihnen initiierten, mitgeformten und begleiteten Lernergemeinschaft auszurichten.

Für diese Begleitung der Studierenden im Rahmen eines sich vor allem durch die Digitalisierung von Information und Kommunikation ständig verändernden Lehr- und Studienalltags unterbreite ich Ihnen im Buch konkrete didaktische Vorschläge und biete dazu Handreichungen an: auf der Ebene des

Aufgabendesigns für reflexive Praxis im Allgemeinen (siehe Kap. 2) und für Portfolioarbeit im Besonderen (siehe Kap. 3). Wenn man Aufgabendesign als kleinstes und grundlegendes Element in der Entwicklung von Lehre, Studium und Institution versteht, so lassen sich mit diesem Vorgehen im Buch hoffentlich die vielfältigen *bottom-up*-Bestrebungen von Lehrpersonen in Sachen Portfolio unterstützen, die die ebenfalls zunehmenden *top-down*-Bemühungen um reflexive Praxis in der nunmehr begonnenen Post-Bologna-Ära mit Sinn zu erfüllen helfen.

Reflexive Praxis in Form des im Buch vorgestellten Lehrportfolios (siehe Kap. 3.7) eignet sich zur Beobachtung und sukzessiven Veränderung der eigenen Lehre. Mit Hilfe des Lehrportfolios kann die Berufspraxis dokumentiert und deren Wirksamkeit mit Blick auf die Ausbildungsziele des jeweiligen Faches, die studentischen Leistungen und die Erwartungen der angezielten Berufsfelder analysiert bzw. evaluiert werden. Daraus ergeben sich für Sie als Besitzer oder Besitzerin des Lehrportfolios langfristig konkrete Vorstellungen vom Leistungspotenzial Ihres professionellen Handelns. Auf dieser Grundlage lassen sich realistische Karriereambitionen ableiten und deren Umsetzung planen (z.B. Prioritäten setzen) bzw. kontrollieren. Die emotionale Involvierung mit der Erfahrung von Erfolg und Misserfolg im Lehralltag lässt sich durch reflexive Praxis entkoppeln, indem im Prozess der verschiedenen Reflexionshandlungen (Dokumentieren, Analysieren, Evaluieren, Antizipieren, Planen, Kontrollieren) Abstand gewonnen wird von der jeweiligen Erfahrung. Dadurch kann das Handeln in größere Gesamtzusammenhänge eingeordnet und relativiert werden. Auch auf diese Weise lässt sich berufliches Burnout längerfristig vermeiden.

Vielleicht kennen Sie diese Situation aus Ihrer eigenen Institution: Studierende haben nicht genügend Zeit bzw. erhalten durch die Studien- und Prüfungsordnung nicht ausreichend Gelegenheit und Herausforderung, das in Vorlesungen, Seminaren, Praktika (etc.) Erlebte zu verarbeiten. Im Studienalltag überwiegt der Input von Informationen, wobei die Verknüpfung und die Anwendung dieser Informationen oft auf der Strecke bleiben. Texte, die bewertet werden, entstehen vorwiegend in Klausuren – falls diese Form der Leistungsüberprüfung überhaupt die zusammenhängende Darstellung eigener Gedanken erfordert. Aus dem Erfahrungsaustausch mit anderen Schreibzentren im deutschsprachigen Raum ist mir bekannt, dass es seit der Einführung der BA/MA-Studienstrukturen immer mehr Studierende gibt, die erst durch die Studienabschlussarbeit dazu herausgefordert werden, ihre Ideen und Überzeugungen, ihr Wissen und Können systematisch in einem akademischen Text darzustellen. Aufgrund der fehlenden Praxis im akademischen Schreiben scheint dies Studierenden zunehmend schwerzufallen, so zumindest lautet ein Erfahrungswert aus vielen Schreibzentren an Hochschulen und Universitäten (vgl. Bräuer 2012a).

Aber auch da, wo immer noch Referate gehalten und Seminararbeiten geschrieben werden, besteht oft kaum eine zwingende Notwendigkeit, diese textbasierten Formen des Lernens und der Leistungsüberprüfung langfristig und nachhaltig zur Vorbereitung auf den Studienabschluss und den Übergang ins Berufsfeld zu nutzen: Mit dem Referat wird ein Sitzungstermin gefüllt; für die Seminararbeit wird das Referat kurzerhand „verschriftlicht". Was davon nach dem Studium bleibt, sind schnell verblassende Erinnerungen an mehr oder weniger akzeptierte Lehrende, die Interaktion mit einzelnen Kommilitoninnen im Zusammenhang mit diversen Veranstaltungen oder Themen. Was oft fehlt, sind konkrete Einsichten, die das eigene Handeln im Studium und darüber hinaus beeinflussen und letztlich zu Handlungsmaximen für die berufliche Tätigkeit führen und im Berufsfeld zum gezielten Weiterarbeiten, Weiterdenken motivieren. Der Wissens- und Könnenstransfer, der im Verlaufe des Studiums und darüber hinaus entstehen sollte, und damit die Chance für lebenslanges, nachhaltig wirkendes Lernen, bleibt gering.

Diese Umstände gilt es nachhaltig zu verändern, wenn wir den komplexen Anforderungen, denen die AbsolventInnen deutscher Hochschulen entgegensehen, tatsächlich gerecht werden wollen. Die der zweiten Auflage hinzugefügten **Kapitel 2.4** zur neuen Dimension reflexiver Praxis, *Social Video Learning*, **Kapitel 2.5** zur Einbindung reflexiven Handelns in das *Literacy Management* aller an Hochschulbildung Beteiligten und **Kapitel 3.6** zum *Learning in Depth* im studienbegleitenden ePortfolio sollen dazu einen weiteren konkreten Beitrag leisten.

Ein Blick in die Praxis

Eine Teilnehmerin an einer von mir durchgeführten Lehrerweiterbildung reflektiert das oben Gesagte auf ihre Weise: „Die einzige Sache, die von meinem Studium überlebt hat, ist ein Ordner zu einem Projekt, in dem über den Verlauf eines gesamten Semesters Theorie und Praxis zu einem Thema meiner Fachausbildung zusammengefasst wurden. Diese Zusammenfassung von Theorie und Praxis brauchte ich für die abschließende Projektarbeit. Ich erinnere mich noch daran, dass ich auf die Entwürfe meiner Projektarbeit Feedbacks von Mitstudierenden und der Lehrkraft bekommen habe. Außerdem habe ich mein Vorankommen im Projekt in einem Projekttagebuch reflektiert und den Arbeitsstand zwei-, dreimal im Projektverlauf selbstkritisch eingeschätzt. Irgendwie hat sich dadurch vieles von meiner Arbeit eingeprägt, auch wenn die Abschlussnote eigentlich nicht besonders gut war. Aber wie diese Note zustande gekommen ist, kann ich noch heute rekonstruieren, wenn ich mir meinen Ordner anschaue. Ich habe ganz einfach Fehler gemacht, die ich mir später nicht noch einmal geleistet habe. Ich denke, dieses Projekt war meine beste Erfahrung im Studium." (unveröffentlichte Interviews des Freiburger Schreibzentrums zur Berufsfähigkeit)

Was die Teilnehmerin der Weiterbildung in ihrem Rückblick andeutet, ist das besondere Lernpotenzial reflexiver Praxis: Durch das Sammeln von Informationen, das Herstellen von Zusammenhängen, das Darstellen von Erkenntnissen, das kritische Überdenken dieser Darstellung durch Feedback und (Selbst-)Evaluation konstruiert sich Wissen, das weit über das eigentliche Lernereignis – hier die Lehrveranstaltung – und dessen individuelles Erlebnis hinaus wirkt.

1 Einführung in die reflexive Praxis

Im ersten Kapitel des Buches möchte ich nun reflexive Praxis konzeptuell vorstellen (siehe Kap. 1.1) und dabei in die Ebenen (siehe Kap. 1.2) und Medien bzw. Diskurse der Reflexion (siehe Kap. 1.3) einführen. Indem ich das Reflektieren des eigenen Handelns als rhetorisches Phänomen definiere, werden unterschiedliche sprachliche Handlungen sichtbar: das Dokumentieren, Analysieren, Evaluieren bereits vollzogener Praxis bzw. die Planung antizipierter Praxis. Werden diese Ebenen reflexiver Praxis (siehe Abb. 2, S. 27) didaktisch im Rahmen der Möglichkeit der Lernenden inszeniert, kann ein kognitiv entlastender Effekt erzeugt werden, welcher die reflektierende Person beim Lösen einer komplexen Aufgabe unterstützt und gleichzeitig vertiefende Einsichten ermöglicht. Mit anderen Worten: Durch das Zerlegen der kognitiv überaus komplexen (schriftlichen) Reflexionshandlung in die in Abb. 2 dargestellten vier Handlungsebenen können unspezifische Aufgaben zum Reflektieren, vorgegeben von den Lehrpersonen, genauso vermieden werden wie unkonkrete, wenig handlungsrelevante Reflexionen bei den Studierenden (siehe Kap. 1.4).

1.1 Lernen durch Reflektieren

Ein Blick in die Praxis

> Ich erinnere mich noch genau an meinen ersten Versuch, ein Lerntagebuch in die Seminararbeit einzubeziehen. Es war 1991 im Rahmen einer Weiterbildung für Deutschlehrer und -lehrerinnen. Der Lehrgang erstreckte sich über zehn Wochen und ich hatte die Teilnehmenden gebeten, nach jeder Sitzung zu Hause festzuhalten, was sie gelernt haben. Ich hatte gehofft, dass sich auf diese Weise die wichtigsten Informationen aus dem Kurs bei jedem verinnerlichen würden. Als ich kurz vor Semesterende nachfragte, wie sie mit dem Tagebuch vorankämen und ankündigte, dass ich das Tagebuch nun doch zwecks Benotung am letzten Tag einsammeln würde, bekamen die Teilnehmenden einen sichtlichen Schreck. Was ich dann in den Tagebüchern zu lesen bekam, hat mich bestürzt. Aus heutiger Sicht überrascht mich dieses Resultat aber überhaupt nicht mehr: Recht ausführliche Sitzungsprotokolle für die ersten ein bis zwei Seminartermine, danach immer spärlichere Aufzeichnungen, oft nur Stichworte, die wahrscheinlich in den meisten Fällen erst dann notiert wurden, nachdem ich angekündigt hatte, die Tagebücher zu benoten.

Was habe ich damals falsch gemacht? Leider fast alles: Ich hatte nur eine diffuse Vorstellung von dem von mir verfolgten Zweck des Lerntagebuchs (Zusammenfassung des Gelernten). Ich habe die Tagebucheinträge kein einziges Mal in die aktuelle Seminararbeit einbezogen und damit wohl den Teilnehmenden ungewollt signalisiert, dass ich das Führen des Lerntagebuches nicht wirklich als wichtig erachte. Da ich weder in die Textsorte „Lerntagebuch" eingeführt oder Hinweise zum reflexiven Schreiben gegeben noch auf mögliche Schwierigkeiten beim Reflektieren hingewiesen hatte, entstanden entweder zu lange oder zu fragmentarische Dokumentationen der Seminararbeit.

Damals wusste ich noch nicht, dass unter solchen Voraussetzungen reflexive Praxis, verstanden als die Fähigkeit, aktuelles Handeln im Kontext von Handlungserfahrung und potentieller Handlungsentwicklung abzubilden und zu steuern, nicht wirklich zustande kommen kann. Meine Einsicht war aber schon damals, dass die Teilnehmenden durch diese Art des Tagebuchschreibens keine neuen Erkenntnisse gewinnen konnten, sondern lediglich bemüht waren, eine ihnen mehr oder weniger unverständlich gebliebene Aufgabe so zu erfüllen, dass sie von mir eine positive Bewertung erhalten würden. Mit Blick auf meine Zielvorstellung hätte ich allen auf ihr Lerntagebuch ein „Ungenügend" geben müssen, was insofern ungerecht gewesen wäre, als dass meine Leistung als Seminarleiter zumindest hinsichtlich der Anleitung und Begleitung des Tagebuchschreibens ebenfalls ungenügend war und damit keine ausreichende Voraussetzung für eine bessere Textqualität bot.

Diese Erfahrung und deren Reflexion in einem Tätigkeitsbericht, den ich anschließend verfassen musste, führte zu einer Veränderung in meiner Lehre: Beim nächsten Versuch, reflexive Praxis anzuleiten, nämlich bei Germanistik-Studierenden an der University of Oregon in den USA, verband ich das Führen des Lerntagebuchs mit regelmäßigen Fragen zum Lektüreinhalt bzw. zu persönlichen Lektüreeindrücken, die ich dann in den Seminarsitzungen explizit zum Gegenstand unserer Diskussion machte. Auf diese Weise entstanden jeweils am Ende der Sitzung weitere Tagebuch-Einträge, die bei den Studierenden oft zur Darstellung neuer Einsichten führten. Und noch etwas änderte sich: Nachdem mich mehrere Studierende gefragt hatten, was sie denn tun müssten, um ein „A+" (die Höchstnote in den USA) zu erhalten, zog ich die ursprüngliche Ankündigung, das Tagebuch benoten zu wollen, zurück. Was jedoch blieb bzw. in der Wertigkeit für die Gesamtnote stieg, war die Teilbenotung der Diskussionsteilnahme im Seminar. Dass effektive Tagebucharbeit dafür eine gute Voraussetzung bildete, erkannten die meisten Studierenden recht schnell.

Reflexive Praxis wird seit geraumer Zeit in der englischsprachigen Hochschuldidaktik (vgl. u.a. Cambridge et al. 2009, Cambridge 2012), aber auch zunehmend in der deutschsprachigen Fachliteratur (vgl. u.a. Himpsl-Gutermann 2012, Sczycrba/Gotzen 2012, Miller/Volk 2013) als aussagekräftiges Mittel und Medium zur Einschätzung der Wirksamkeit von Studium und Lehre im Übergang zum Beruf verstanden und genutzt. Den wichtigsten Grund dafür sehe ich in der mit reflexiver Praxis verbundenen Möglichkeit, kompetenz- und bedarfsorientiert zu handeln – auf individueller und auf institutioneller Ebene. Reflexive Praxis als hochschuldidaktisches Konzept verspricht also nicht nur verbesserte Studierfähigkeit, sondern ebenso Qualitätserhöhung in der Lehre. Der Begriff *reflective practice* stammt von Schön (1987) und wurde von Hillocks (1995) und Bolton (2005) konzeptuell weiterentwickelt. Das Konzept der reflexiven Praxis beinhaltet selbst- oder fremdgesteuerte Anregungen zur Betrachtung einer bestimmten (eigenen oder fremden) Aktivität unter dem Gesichtspunkt der Effizienz des Handelns und/oder des Handlungsergebnisses.

Bei wenig erfahrenen Lernenden (z.B. Studierenden in der Studieneingangsphase), aber auch bei routiniert Handelnden ist der Impuls zur Selbststeuerung recht selten vorhanden, genauso wie ein sporadisch angebrachter Fremdimpuls (z.B. anhand eines mündlichen Hinweises durch die Lehrperson) nur selten eine das Handeln verändernde Reaktion bei diesen Studierenden auslöst. Erst wenn solche Impulse multimedial gestaltet und wiederholt (mündlich, schriftlich - z.B. nacheinander als Handout, als Forumseintrag und als E-Mail) und angemessen frequentiert angeordnet werden (z. B. zum Beginn einer Sitzung mündlich, am Ende derselben Sitzung als Handout, zwei Tage später als Erinnerungs-E-Mail), schaffen wir Aufmerksamkeit bei den Studierenden. Ebenso sollte das erwartete Ergebnis der Reflexion in nachfolgende Handlungen eingebunden werden (z.B. als Diskussionsbeitrag in der nächsten Sitzung, das Tagebuch als Textbaustein für die Semesterabschlussarbeit). Erst dann haben wir eine reale Chance, mit unseren Vorstellungen und Erwartungen zum Reflektieren die Studierenden tatsächlich zu erreichen. Ob daraus aber auch wirklich längerfristig verändertes Handeln resultiert, darüber entscheidet intrinsische Motivation, die zumeist nur dann zustande kommt, wenn Handeln unter Druck gerät, d.h. zum Beispiel, wenn den Studierenden klar geworden ist, dass ihre Reflexionsleistung Grundlage für ihre Performancequalität im nächsten Seminar ist und diese Leistung wiederum zu Akzeptanz oder Ablehnung (z.B. in Form von Benotung) führt.

Pauschale Reflexionsaufgaben wie ich sie den Lehrpersonen in der eingangs geschilderten Weiterbildung gestellt hatte, verhindern außerdem den Erfahrungstransfer in andere Handlungskontexte: Auch wenn die Teilnehmenden in diesem Kurs erfolgreich ein Lerntagebuch geschrieben hätten, so wäre ihnen außerhalb des Seminars wahrscheinlich nicht eingefallen, diese Kompetenz noch einmal einzusetzen oder zu adaptieren, um damit zum Beispiel ihr Handeln als Lehrende selbstkritisch zu begleiten. Hätten sie jedoch beim Vollzug der Reflexion bzw.

als Ergebnis davon in meinem Lehrgang einen konkreten Gebrauchswert erlebt, so wäre ihr Handlungsrepertoire entsprechend positiv markiert worden und hätte ihnen für den weiteren Gebrauch, aber auch für eventuell nötige Adaptationen der bisherigen Handlungsstrategien zur Verfügung gestanden.

Auch wenn einige Mittel reflexiver Praxis wie Lerntagebuch oder Portfolio inzwischen immer öfter in der akademischen Ausbildung eingesetzt werden, bedeutet dies jedoch nicht immer, dass reflexive Praxis in Vorlesungen, Seminaren oder Praktika tatsächlich in der oben skizzierten Weise stattfindet. Oft wird das Führen von Lerntagebüchern zwar empfohlen, selten aber wirklich angeleitet bzw. in die Aufgabenstruktur der Lehrveranstaltung integriert. Portfolios werden tendenziell am Ende von Lehr-Lernprozessen angefügt, um vonseiten der Studierenden Arbeitsprozesse zusammenfassen und Ergebnisse präsentieren zu lassen bzw. aufseiten der Institution studentische Leistung zu bewerten und zu verwalten. Auf diese Weise wird nach wie vor eher *surface learning*, Wissens*re*konstruktion als Nachvollzug kanonisierter Lehre (vgl. Atherton 2011), denn *deep learning* (vgl. ebenda) angeregt. Wir brauchen in der Lehre die Entwicklung von Kompetenzen, die am echten Bedarf der jeweils angestrebten Berufsfelder orientiert sind, daher als persönlich bedeutsam erlebt werden und somit das Potenzial besitzen, auch im Übergang vom Studium zum Beruf nachhaltig zu wirken.

Ein wirkungsvoller Weg vom Oberflächenlernen hin zum vertieften, nachhaltigen Lernen besteht im Brückenschlag zwischen Gelerntem und (noch) nicht Gelerntem. Wood u.a. (1976) führen dafür den Begriff des *scaffolding* ein: eine Technik, die durch Interventionsformen wie Aufgabenarrangements und Feedback die Voraussetzung dafür schafft, die Zone zur nächstmöglichen Entwicklungsstufe - Vygotsky (1978) bezeichnet das als *zone of proximal development (ZPD)* - erfolgreich zu durchschreiten. *Scaffolding* meint Hilfe zur Selbsthilfe, indem z.B. im Feedback von Lehrpersonen oder Peers nur die Information zur Verfügung gestellt wird, die für das Erreichen der nächstmöglichen Einsicht (ZPD, s.o.) durch die Lernenden unbedingt nötig ist. Auf diese Weise wird die Kluft zwischen dem aktuellen und dem potenziell möglichen Lernstand überwunden. Wohlgemerkt geht es aber hier nicht explizit um das Vermittlungsziel der Lehrperson als Vertreterin eines Wissenskanons, sondern um die für die Lernenden nächstmögliche und -nötige Einsicht.

Dafür ist sogenanntes lernerzentriertes Lehren nötig, was man deswegen vielleicht auch nicht mehr als „Lehren", sondern treffender als „Begleiten" bezeichnen sollte.

Eine für diese Grundhaltung des Begleitens besonders wirksame Technik ist, was ich als vorausschauendes Feedback bezeichne: Feedback zu einer konkreten Lernleistung, das mit vorhandenen Informationen zu ähnlichen, in der Vergangenheit bereits gesammelten Lernerfahrungen und eventuellen Veränderungsvorschlägen zum aktuellen Handeln verknüpft wird. Auch wenn diese Technik im Kapitel 2.2 noch einmal ausführlich vorgestellt wird, so möchte ich doch bereits an dieser Stelle hervorheben, dass die Lehrperson dafür detaillierte Informationen nicht nur über den aktuellen Lernstand der Studierenden, sondern auch über deren Lernerbiografie benötigt. Eine wirkungsvolle Quelle dafür kann das Lernportfolio der Studierenden sein, mithilfe dessen sich die Lehrperson auf ein aktuell vorliegendes Arbeits- oder Leistungsdokument bezieht.

Die in der angelsächsischen und deutschsprachigen Hochschuldidaktik gesammelten Erfahrungen zur reflexiven Praxis als Lernmedium machen deutlich, dass die o.g. individuelle Konstruktion des Gebrauchswertes von Reflexion auf drei Ebenen und in gegenseitiger Wechselwirkung zwischen diesen drei Ebenen beeinflusst wird:

- **auf der Ebene der Institution** mit Bezug auf den Grad der Anerkennung reflexiver Praxis als hochschuldidaktisches Konzept (z.B. in Form von elektronischen Portfolios) und die Verfügbarkeit von Instrumentarien (z.B. internetbasierte e-Portfolio-Anwendung, siehe Kapitel 3.5), Materialien und Steuersystemen (z.B. FolioQuest, siehe Kap. 3.5)
- **auf der Ebene der Studierenden**, ausgedrückt durch deren Grad an Reflexionskompetenz, einschließlich der Angemessenheit bzw. Leistungsfähigkeit ihrer persönlichen Lernumgebung (siehe Kap. 3.1)
- **auf der Ebene der Lehre** in Gestalt spezifischer Aufgabendidaktik zur Anleitung und Begleitung von reflexiver Praxis (siehe Kap. 2), unter Einbeziehung der bei den Studierenden vorhandenen persönlichen Lernumgebungen

Mit anderen Worten: Wie viel vom Lernpotenzial reflexiver Praxis letztlich durch die Studierenden umgesetzt bzw. entfaltet werden kann, hängt in starkem Maße von der Lehr- und Lernkultur ab, in der reflektiert wird bzw. reflektiert werden soll. Im Folgenden soll deswegen zuerst das individuelle Lernpotenzial reflexiver Praxis identifiziert werden (siehe Kap. 1.2 und Kap. 1.3), um darauf aufbauend die lehr/lernkulturellen Aspekte genauer zu beschreiben (siehe Kap. 1.4).

1.2 Ebenen der Reflexion: Dokumentieren, Analysieren, Evaluieren, Planen

Die Zahl der Ratsuchenden, die jedes Semester in die Schreibzentren an deutschsprachigen Hochschulen und Universitäten kommen, um sich Feedback zu ihren reflexiven Texten zu holen, steigt stetig (vgl. Bräuer 2012a). Das hat wohl zum einen damit zu tun, dass auch die Zahl der reflexiven Aufgaben in der Lehre zunimmt. Diese Tendenz wiederum hängt, wie ich vermute, u.a. mit dem Erstarken von Ansätzen wie dem forschenden Lernen (vgl. u.a. Tremp 2005), dem Erfahrungslernen (*experiential learning*, vgl. u.a. Kolb 1984) und dem imaginativen Lernen (vgl. u.a. Egan 2010) in der Ausbildung von Studierenden zusammen. In all diesen hochschuldidaktischen Konzepten spielt reflexive Praxis eine zentrale Rolle. Das ist eine vielversprechende Tendenz.

Der zweite Grund für die steigende Zahl der Beratungsanfragen zu reflexiven Texten – die ich allerdings nur für die Hochschule so konkret einschätzen kann, an der ich tätig bin – zeigt zugleich, dass die Umsetzung solcher Konzepte noch in den Kinderschuhen steckt: Pauschale Aufgaben zur reflexiven Praxis, zunehmend verbunden mit der Textsorte Portfolio, verunsichern die Studierenden hinsichtlich dessen, was von ihnen konkret erwartet wird bzw. wie man überhaupt ein Portfolio anlegt und führt. Im Umgang mit der angezielten Textsorte Portfolio und den damit oft verbundenen Hilfstextsorten wie Blog und Forum werden viele Studierende sich der Komplexität des reflexiven Schreibens bewusst und fühlen sich dadurch im Schreibhandeln blockiert.

Ein Blick in die Praxis

Ein Student drückt diese Erfahrung in einer E-Mail an das Freiburger Schreibzentrum (es ging hier um die Konkretisierung seiner ursprünglichen Beratungsanfrage) wie folgt aus: „Ich soll wöchentlich im Blog meines Praktikum-Portfolios berichten, was ich im Schulpraktikum gelernt habe. Aber ich weiß nicht so recht, womit ich anfangen soll und wie ich verhindern kann, dass ich zu viele unnütze Details vom Schulbesuch beschreibe. Ich soll ja auch auf meine neuen Erkenntnisse eingehen und diese mit der Theorie aus dem Seminar verbinden. Wie kriege ich das alles in einem kurzen Blog-Eintrag unter? Womit fange ich an?“ (zit. nach Beratungsprotokoll, Schreibzentrum PH Freiburg)

Wenn Handeln unter Druck gerät (vg. Wahl 1991), dann wird häufig versucht, durch Vermeidungsstrategien diesen Handlungsdruck zu reduzieren oder gänzlich zu vermeiden. Beim reflexiven Schreiben lassen sich bei weniger erfahrenen Lernenden vor allem zwei solcher Strategien beobachten:

1) Man beschränkt sich auf das anscheinend Wesentliche und berichtet, was passiert ist.
2) Man bewertet dieses Geschehen bzw. die damit zusammenhängenden Ergebnisse pauschal (vgl. Bräuer 2009b).

Damit wird reflexive Praxis reduziert auf die erste Ebene, die durch Dokumentieren und Beschreiben gekennzeichnet ist. Das entlastet den mentalen Arbeitsspeicher der Schreibenden und ermöglicht somit eine störungsarme Textproduktion. Wer es dabei bewenden lässt, bleibt allerdings auf der Ebene des privaten Diskurses stehen und kann seine Erfahrungen nur bedingt mit anderen Lernenden austauschen und von diesen Rückmeldung zur Qualität des eigenen Lernens erhalten.

Ein Blick in die Praxis

Ein Beispiel aus dem Blog eines ePortfolios einer Studentin, die sich im Tagespraktikum an einer Schule befindet:

„Wir haben heute mit den SuS die Unterscheidung von Dativ und Akkusativ durchgesprochen.“

Die von ihr ausgeführte Tätigkeit wird ohne Einordnung in die Gesamthandlung und ohne Bezugnahme auf die eigene Leistung und Leistungsfähigkeit beschrieben. Auf Nachfrage der Schreibberaterin, die der Studentin helfen möchte, die Reflexion auf der Dokumentationsebene zu konkretisieren, wird die folgende Ergänzung vorgenommen:

> „Ich habe heute mit den SuS die Kausalsatzbildung erarbeitet und bin dabei auf verschiedene Konjunktionen eingegangen."

Durch die Umformulierung in die erste Person Singular deutet sich bei der Studentin nun die Bereitschaft an, für ihr Handeln Verantwortung zu übernehmen. Das ist ein wichtiger Ausgangspunkt, um in einem zweiten Schritt die Zusammenhänge der Handlung zu analysieren. Die Schreibberaterin initiiert diesen Übergang in die nächste Phase der Reflexion, indem sie nach den Umständen der Handlung fragt.

Auf der zweiten Ebene der reflexiven Praxis, beim Analysieren und Interpretieren des Dokumentierten und Beschriebenen, wird der Handlungskontext beleuchtet, wobei erste Hinweise auf die Qualität des eigenen Handelns sichtbar werden und der handelnden Person die Bedeutsamkeit des Erlebten bewusst wird. Neu erworbene Erkenntnisse werden mit bereits vorhandenem Wissen verknüpft und dabei werden weitere Einsichten erzielt. Die oben zitierte Studentin ergänzt ihren Blog-Eintrag wie folgt:

> „Durch die Frage einer Schülerin ist mir bewusst geworden, dass ich die Kausalsatzbildung eigentlich auch noch nicht richtig verstanden habe. Als Antwort auf ihre Frage habe ich also die Lehrbuch-Erklärung eigentlich nur noch einmal wiederholt, aber nicht wirklich erklärt."

Die reflektierte Tätigkeit wird nun als Teil einer Gesamthandlung verstanden – das Unterrichten – und auf die eigene Leistung bezogen (hier: die Schwierigkeit der Studentin mit dem Unterrichtsgegenstand), jedoch ohne bereits eine konkrete Aussage zur Befindlichkeit hinsichtlich des Erlebten zu machen. Auf Nachfrage der Schreibberaterin, die der Studentin helfen möchte, die Reflexion auf der Ebene von Analyse und Interpretation zu konkretisieren, wird von der Ratsuchenden die folgende Veränderung bzw. Ergänzung des Blog-Eintrags vorgenommen:

> „Durch die Frage einer Schülerin ist mir bewusst geworden, dass ich die Kausalsatzbildung eigentlich auch noch nicht richtig verstanden habe. Als ich auf ihre Frage hin die Lehrbuch-Erklärung noch einmal wiederholte, war mir das sehr unangenehm. Mir wurde heiß und ich bin bestimmt im Gesicht rot geworden."

Die Tätigkeit wird hier als Teil einer Gesamthandlung verstanden und auf die eigene Leistung bezogen. Es werden Aussagen zur Wahrnehmung der eigenen Leistung gemacht. Das ist nun ein günstiger Moment, um durch gezielte Fragen der Schreibberaterin den Übergang zur dritten Ebene (Bewerten/Beurteilen) bzw. vierten Ebene (Planen) der Reflexion anzustoßen. Die Studentin ergänzt ihren Blog-Eintrag durch die folgenden Einsichten:

> „Ich muss die Kausalsatzbildung und auch die Unterschiede der verschiedenen Konjunktionen unbedingt noch einmal mit meiner Freundin besprechen. Sie ist in Grammatik einfach besser als ich. Vielleicht fällt es mir dann auch leichter, das den SuS zu erklären."

Durch das Vergleichen des Gelernten mit den eigenen Zielen bzw. fremden Erwartungen wird es möglich, das Geleistete und den Weg dorthin zu evaluieren. Standards und Kompetenzbeschreibungen der jeweiligen Institution, verstanden als geronnene Erfahrungen und Erkenntnisse eines bestimmen Ausbildungsbereiches, helfen den Studierenden dabei, ihre aktuelle Leistungsfähigkeit in einen ausbildungs- bzw. berufsfeldorientierten Kontext einzuordnen, neue Ziele abzustecken und die nächsten Schritte zu planen.

Auf Nachfrage der Schreibberaterin, was die vage Aussage zur möglichen Handlungsalternative in der Interaktion mit den SuS betrifft, wird eine abschließende Ergänzung vorgenommen, sodass der Blog-Eintrag letztendlich wie folgt aussieht:

> „Ich habe heute mit den SuS die Kausalsatzbildung erarbeitet und bin dabei auf verschiedene Konjunktionen eingegangen. Durch die Frage einer Schülerin ist mir bewusst geworden, dass ich die Kausalsatzbildung eigentlich auch noch nicht richtig verstanden habe. Als ich auf ihre Frage hin die Lehrbuch-Erklärung noch einmal wiederholte, anstatt selbst zu erklären, war mir das sehr unangenehm. Mir wurde heiß und ich bin bestimmt im Gesicht rot geworden. Ich muss die Kausalsatzbildung und auch die Unterschiede der verschiedenen Konjunktionen unbedingt noch einmal mit meiner Freundin besprechen. Sie ist in Grammatik einfach besser als ich. Um zu überprüfen, dass ich das Thema wirklich verstanden habe, werde ich eine eigene Erklärung der Kausalsatzbildung formulieren. Diese sollte so anschaulich sein, dass für ihr Verständnis eigentlich kein Vorwissen nötig ist. Ich werde die Erklärung an meiner kleinen Schwester, die erst in die dritte Klasse geht, ausprobieren."

Zur Visualisierung der im o.g. Diskurs zwischen Schreibberaterin und Studentin bearbeiteten Ebenen der Reflexion biete ich Ihnen eine grafische Darstellung in Abb. 2 an:

Ebenen der Reflexion			
	4	**Planen**	... von Handlungsalternativen
	3	**Beurteilen**	... auf Basis (an)erkannter Kriterien
		Bewerten	... im Vergleich mit Erwartungen bzw. anderen Leistungen
	2	**Interpretieren**	... mit Blick auf die Konsequenzen aus der eigenen Handlung
		Analysieren	... mit Bezug auf die eigenen Leistungen
	1	**Dokumentieren**	... mit Bezug zur Gesamthandlung
		Beschreiben	... der absolvierten Handlung

Abb. 2: Die Ebenen der reflexiven Praxis

Die Untersuchung der Qualität schriftlicher Reflexion bei jüngeren Schreibenden (vgl. Bräuer 2009b) hat ergeben, dass ohne differenzierte Aufgabenstellung hauptsächlich dokumentiert bzw. punktuell analysiert (siehe Ebenen 1 und 2), selten jedoch kritisch-konkret evaluiert wird (siehe Ebene 3). Noch seltener sind Überlegungen darüber, wie das eigene Handeln systematisch verändert bzw. optimiert werden könnte (siehe Ebene 4). Ich nehme an, dass diese Schwierigkeiten beim Reflektieren durch weniger erfahrene Schreibende mit deren Stand der allgemeinen mentalen Entwicklung zusammenhängen und in diesem Kontext auch den Stand der sprachlichen Entwicklung bzw. das Fehlen rhetorischer Mittel zum differenzierten reflexiven Gebrauch von Sprache demonstrieren. Diese Ursachenbereiche für weniger gelungene Reflexion sollten wir also nicht als individuelles Defizit auf Seiten der Lernenden, sondern als methodisch-didaktische Herausforderung für uns Lehrende verstehen.

Ideen für Ihre Lehre

Zur Einschätzung der Reflexionsqualität haben sich die unten genannten Kriterien für Feedback und Evaluation bewährt (siehe dazu auch noch einmal Abb. 2).

Ebenen der reflexiven Praxis	Ebene 1	Ebene 2	Ebene 3	Ebene 4
Kriterien beschreibung	Eine Aktivität wird in ihrem Verlauf dokumentiert.	Die Umstände einer Aktivität werden analysiert und interpretiert.	Eine abgeschlossene Aktivität wird evaluiert.	Als Konsequenz aus einer abgeschlossenen Aktivität werden neue Aktivitäten und Handlungsstrategien geplant.
Qualitätsstufen: 1) Ungenügend 2) Ausreichend 3) Umfassend	1) Leser ist nicht in der Lage, die dokumentierte Aktivität als solche zu erkennen.	1) Leser kann die Umstände der Aktivität nicht erkennen.	1) Leser kann den Versuch einer Einschätzung der Aktivität nicht feststellen.	1) Leser kann die Planung nicht erkennen.
	2) Leser kann die "Meilensteine" der dokumentierten Aktivität erkennen.	2) Leser erhält die wichtigsten Hintergrundinformationen zur Aktivität.	2) Leser bemerkt scheinbar zufällig ausgewählte Kriterien der Bewertung der Aktivität.	2) Leser sieht Aspekte anscheinend zufälliger und punktueller Planung.
	3) Leser erhält einen umfassenden Eindruck vom Verlauf der Aktivität.	3) Leser erhält eine umfassende Erklärung der Umstände, unter denen sich die Aktivität vollzogen hat.	3) Leser erhält interne und externe Kriterien der Evaluation, die ausreichend beschrieben werden.	3) Leser erhält eine konkrete und durchdachte Planung mit transparenten Beweggründen.

Tabelle 1: Evaluationskriterien für die Darstellung der Ebenen der reflexiven Praxis (Bräuer/Keller 2013: 226)

Ideen für Ihre Lehre

> Bitte beachten Sie, dass Sie bei der Einschätzung reflexiver Praxis (z.B. in einem Portfolio) sich zuerst darüber klar werden müssen, welche Ebene(n) der Reflexion mit einer bestimmten Aufgabe eingefordert wurde(n). Es wäre z.B. unangemessen, eine Primärreflexion (zum Begriff siehe Kap. 2.1) nach den Kriterien der Ebenen 2, 3 oder gar 4 einzuschätzen. Allerdings kommt eine Sekundärreflexion (siehe Kap. 2.1), die auf den Ebenen 2, 3 oder 4 angesiedelt sein kann, nicht ohne grundlegende Informationen von Ebene 1 aus.

1.3 Medien und Diskurse der Reflexion: Tagebuch, Arbeitsjournal, Portfolio

Da ich das Schreiben auf den Ebenen der reflexiven Praxis als rhetorische Handlung mit verschiedenen Zwecken und Zielen verstehe, schlage ich dazu spezielle Medien der Kommunikation vor:

a) das **Tagebuch als Papierbüchlein** bzw. **elektronischen Blog** zum unmittelbaren, privaten Dokumentieren des Geschehens bzw. zum Sammeln von ersten Eindrücken im Handlungsvollzug oder unmittelbar nach einer Handlung (siehe auch Primärreflexion in Kap. 2.1);

b) das **Arbeitsjournal als Papierkladde** bzw. **elektronisches Forum** und **Wiki** zum individuellen bzw. kooperativen Analysieren und Interpretieren dieser ersten Eindrücke
Im Rahmen einer begrenzten Lerner- oder Praxisgemeinschaft werden hier Aspekte aus der Primärreflexion diskutiert. Es werden Fragen gestellt, Informationen ausgetauscht (Forum) und systematisch dargestellt (Wiki) (siehe dazu auch das „schreibdidaktische Glossar“ in Kap. 2.3). Manchmal eignet sich dafür noch eine erweiterte Blog-Funktion (Publikation von Auszügen aus privaten Blogs in einem Gruppen-Blog), mit deren Hilfe ursprüngliche Primärreflexionen in einem erweiterten Kontext dargestellt oder die im Peer-Austausch erzielten Erkenntnisse zusammengefasst werden.

c) das **Papier- oder elektronische Portfolio** für die adressatenbezogene Darstellung all dessen, was durch Primär- und Sekundärreflexion in den o.g. Ebenen und Medien herausgearbeitet bzw. erkannt wurde.
Das elektronische Portfolio eignet sich auch als organisatorischer Rahmen für die beiden anderen o.g. Medien der Reflexion (siehe dazu auch Kap. 3).

Vor Jahren habe ich bereits einmal mit Tagebuch, Arbeitsjournal und Portfolio die Medien des Schreibens als reflexive Praxis definiert (Bräuer 2003: 20 f.). An diese grundsätzliche Funktionsbestimmung möchte ich im Folgenden anknüpfen.

Tagebuch (das Schatzkästlein): Im Schutz des Privaten werden Gedanken und Gefühle spontan festgehalten. Im Prozess des Aufschreibens und Lesens wird klar, was sie der schreibenden Person bedeuten. Diese Texte werden bei Bedarf in Ausschnitten an engste Vertraute zur Lektüre freigegeben. Hier erfolgt neben dem Sammeln von Eindrücken und Erlebnissen die Dokumentation der Tätigkeiten (Was habe ich heute gemacht?) und der im Handlungskontext wahrgenommenen emotionalen Befindlichkeiten (Wie habe ich mich dabei gefühlt?). Spontan können Erfolge und Schwerpunktprobleme (Was hat geklappt? Was nicht?) sowie Arbeitsvorhaben (Was bleibt zu tun?) vermerkt werden. Am Ende einer Arbeitsphase oder wann immer es für wichtig empfunden wird, können Eigen- oder Fremdkommentierungen der Eintragungen erfolgen, die speziell dafür freigegeben worden sind.

Ein Blick in die Praxis

Auszug aus einem Tagebuch, der später in ein Prozess-Portfolio integriert wurde:

„Habe heute endlich meinen Erstentwurf überarbeitet. Vorgenommen hatte ich mir das schon seit drei Wochen. Immer wieder aufgeschoben, und dann war alles in ein paar Stunden erledigt. Hätte ich das vorher gewusst! Was mich so ewig abgehalten hatte, war die Angst vor einem ewig langen Kampf mit der alten Fassung.

Dass ich nun gleich eine neue geschrieben habe, war, glaube ich, gar nicht so dumm.

Herr M. wird Augen machen.“ (John, 4. November)

Fremdkommentar:
„Gut, dass ich deine Eintragung lesen durfte. Sitze auch schon ewig an einem Ding, wo ich mit jedem einzelnen Wort endlos ringe. Und dabei habe ich immer wieder so viele neue Gedanken, die einfach nicht in die alte Fassung passen. Werde mich gleich ransetzen und einfach einen neuen Wurf probieren. Danke!“ (Gretchen, 30. November)

Eigenkommentar:

„Nützliche Erfahrung! Ich hätte sie fast schon wieder vergessen. Ich hätte schon vor einer Woche wieder mal hier reingucken sollen. Nun habe ich wieder den alten Fehler gemacht und endlos an meinem schlechten Versuch gebastelt, in der Hoffnung, so viel wie möglich davon zu retten. Blödsinn!“ (John, 21. Januar)

Arbeitsjournal (die Werkstatt): Dort setzt man sich, gemeinsam mit Personen der eigenen Lernergruppe mit dem auseinander, was gefunden, entworfen, entwickelt oder schon wieder verworfen wurde. Diese Werkstatt ist auch Experimentierfeld, jedoch kein Schlachtfeld, denn die Arbeitspartnerinnen begegnen sich hier mit Achtung und Respekt. Das Arbeitsjournal dient als Ort, an dem Ideen gesammelt und Texte bzw. Textteile entworfen und überarbeitet werden. Quantitativ gesehen, geschieht hier die Hauptarbeit der Textproduktion.

Ein Blick in die Praxis

Auszug aus einem Arbeitsjournal, der später in ein Prozess-Portfolio integriert wurde. Zur Diskussion steht der Entwurf eines Geschäftsbriefes im Fremdsprachenseminar.

Eigenkommentar:

„Irgendwie klingt das ganze so, als würde ich an meinen Onkel schreiben. Aber ich kenne B. ja auch. Das macht die Sache wirklich schwer. Vielleicht sollte ich doch »Sie« schreiben." (Roberto)

Fremdkommentar:

„Auf alle Fälle ‚Sie'! Und die Anrede geht so auch nicht, finde ich: Da braucht's ‚Sehr geehrter Herr...' oder so was. Dasselbe gilt für den Schluss. ‚Hochachtungsvoll!' (vielleicht veraltet?). Förmlich bleiben, auch wenn du den Typen kennst. Ihr verhandelt ja über offizielle Geschäfte, meine ich. Oder?" (Inci)

Portfolio (das Schaufenster): Hier ist jede Person als Betrachterin willkommen. Bei der Auswahl und Gestaltung dessen, was gezeigt werden soll, unterscheidet man, ob etwas vorgestellt (Prozess- oder Lernportfolio) oder ausgestellt (Produkt- oder Präsentationsportfolio) wird. Im ersten Fall wird auf- und anregende Tiefe deutlich, im zweiten eine ein- und ausdrucksvolle Oberfläche.

a) Prozess-Portfolio (siehe auch Kap. 3.2)
Nach einer Arbeitsetappe im Rahmen eines längerfristigen Schreibprojekts oder auch an dessen Ende werden die erlebten Lernprozesse auf der Grundlage ausgewählter Materialien aus Tagebuch und Arbeitsjournal dokumentiert, analysiert und kommentiert. Hinzu kommen Materialien, von denen angenommen wird, dass sie den eigenen Lernprozess entscheidend geprägt haben: Gelesenes (fremde und eigene Texte), Gesehenes (konkrete Einflüsse der täglichen Umwelt) bzw. Gehörtes und Gesprochenes (erlebte Kommunikation). Außerdem werden von den verwendeten Arbeitsmethoden und -techniken die effektivsten für eine Werkzeugkiste inventarisiert. Das Hauptziel für den Umgang mit dem Prozess-Portfolio besteht darin, sich mit der Mikrostruktur (den Techniken, Methoden, Strategien) des eigenen Lernens vertraut zu machen. Prozess-Portfolios können als Quelle bzw. Ausgangspunkt für Produkt-Portfolios genutzt werden.

Ein Blick in die Praxis

Jason ist am Ende einer mehrwöchigen Materialsammlung für eine Hausarbeit im Fach Biologie zum vorläufigen Thema: „Der Einfluss moderner Evolutionstheorien auf aktuelle Umweltschutzstrategien."

- Inhalt des Portfolios: Literaturlisten, Exzerpte von Artikeln aus Sammelbänden, Skizzen zu einzelnen inhaltlichen Schwerpunkten, in denen versucht wurde, das Gelesene gedanklich zu verarbeiten
- Werkzeugkiste: Exzerpieren, mündlicher Gedankenaustausch mit Freunden, Spezialistenvorträge

Der folgende Auszug ist eine Zusammenfassung der zusätzlichen Einflüsse auf Jasons Arbeitsprozess:

„Von allem, was ich bisher für die Hausarbeit gelesen habe, hat mich Fritjof Capras neues Buch ‚Lebensnetz' am meisten beeindruckt. Ich hatte früher auch schon ‚Das Tao der Physik' gelesen, aber damals machte das noch nicht viel Sinn für mich. Mir kommt jetzt immer wieder der Gedanke, dass die Leute von der Umweltvereinigung meines Heimatortes ein ähnliches Verständnis der lebendigen Welt diskutieren. Ich sollte mit denen mal sprechen. Nach einem Radio-Feature über Capras Arbeit wurde mir das noch mal so richtig klar. Vielleicht sollte ich mein Thema auch in diese Richtung hin eingrenzen: ‚Der Einfluss von Capras Evolutionstheorie auf die Arbeit regionaler Umweltschutzverbände', oder so ähnlich. Dann vermeide ich auch diese Materialbreite, die ich bisher habe. Von den tausend Theorien kenne ich sowieso nur wenige richtig."

b) Produkt-Portfolio (siehe auch Kap. 3.3)
Das Produkt-Portfolio entsteht durch die sukzessive Auswahl solcher Texte, die im Verlaufe eines Kurses oder Projektes von den Lernenden als besonders gelungen betrachtet werden. Es wird durch Reflexionen zu jeder einzelnen Einlage und durch eine Einschätzung zur Gesamtprogression (Analyse überwundener und noch bestehender Probleme, u.U. in Auswertung des Prozess-Portfolios) vervollständigt. Für die offenstehenden Probleme skizzieren die Studierenden mögliche Lösungswege als Grundlage für zukünftige Arbeitsprojekte. Das Hauptziel für den Umgang mit dem Produkt-Portfolio besteht darin, sich mit der Makrostruktur (den Grundtendenzen) des eigenen Lernens vertraut zu machen.

Ich möchte kurz noch einmal den Einfluss der verschiedenen **Medien der Reflexion** auf die Textproduktion - das reflexive Schreiben - zusammenfassen (siehe Abb. 3): Formulieren und Kommunizieren in Tagebuch oder Arbeitsjournal, außerhalb öffentlich festgelegter Normen und Formen, befördert nicht nur inhaltsbezogene Denkprozesse (Was will ich sagen?), sondern auch die Qualität der sprachlichen Gestaltung (Wie will ich es sagen?). Unzensiertes „Quatschen" im Tagebuch über ein Thema oder der kreative Umgang mit einem Gegenstand im Arbeitsjournal eröffnen Räume für individuelle Schaffenskraft und kooperatives Handeln bzw. ermöglichen kontrollierte Transparenz nach außen. Bereits in den 1970er Jahren hat James Britton (1975) umfassend empirisch ermittelt, dass die Qualität des öffentlichen Schreibens, wie sie sich in Schulaufsätzen oder akademischen Hausarbeiten niederschlägt, wesentlich von den quantitativen Möglichkeiten privaten Schreibens abhängt und vom Vorhandensein klar definierter Formen und sicherer Orte für diesen Privatdiskurs. Noch entscheidender für die Qualität von Schriftlichkeit scheinen jedoch die Schnittstellen von Privatheit und Öffentlichkeit zu sein: Dort, wo mit der Gewissheit im Verborgenen „gewerkelt" werden darf, jederzeit hinaustreten und mit Gleichgesinnten kooperieren zu können, werden sich Einfallslosigkeit, Versagensangst oder schwacher Gestaltungswille am ehesten vermeiden lassen (vgl. Bräuer 2003: 20).

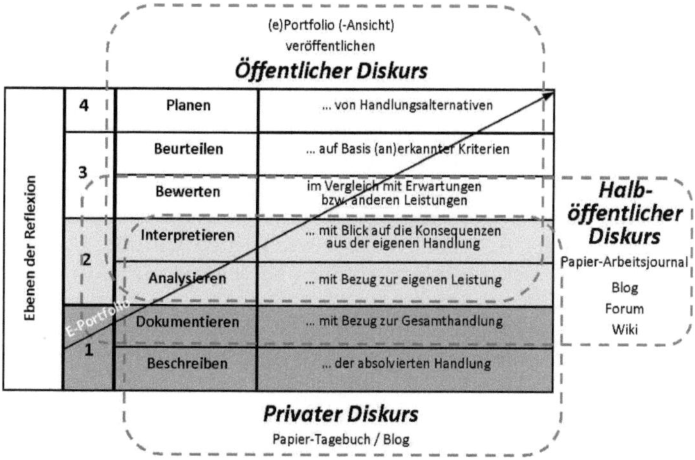

Abb. 3: Ebenen, Diskurse und Medien der reflexiven Praxis

Die Begriffsdefinitionen aus meinem Buch zum Schreiben als reflexive Praxis (ebenda), die ich oben paraphrasiert habe, sind ganz offensichtlich noch mit Blick auf papierbasierte Reflexion formuliert worden. Auch damals schon habe ich Tagebuch und Arbeitsjournal als schreibpädagogisch wichtige Zwischenschritte für gelingende reflexive Praxis gesehen, allerdings mehr auf der Ebene von Textbausteinen für das abschließende Portfolio.

Unter dem Eindruck des digitalen Portfolios (siehe Kap. 3.4 und 3.5) sehe ich nun die Tagebuch-Funktion vom Blog weitergeführt und den ursprünglichen Verwendungszweck des papierbezogenen Arbeitsjournals erkenne ich im Schnittpunkt zwischen Forum, Wiki und einer erweiterten Blog-Funktion. Blog, Forum und Wiki sind heutzutage integrierter Bestandteil der genutzten ePortfolio-Anwendung (z.B. Mahara, siehe Kap. 3.5) oder diese Schreib-Tools werden extern in einer *cloud* (siehe Kap. 3.5) genutzt und mit dem plattformbasierten ePortfolio verknüpft bzw. sie stellen in ihrer Summe das ePortfolio dar. Die Entscheidung, wo die o.g. Instrumente angesiedelt sind bzw. wie sie genutzt werden, hängt v.a. vom Grad der Abgrenzung des halböffentlichen Diskurses ab und damit von der Definition der unmittelbaren Lernergemeinschaft, die von einer Lehrperson angeleitet und begleitet wird.

Mit Blick auf meine bisherigen Ausführungen möchte ich behaupten, dass reflexive Praxis in ihrem grundsätzlichen Wesen multimodal ist. Multimodalität kommt immer dann zustande, wenn während der Textproduktion verschiedene Sinne der schreibenden Person eingesetzt werden: z.B. Kritzelzeichnungen im Tagebuch, die fehlenden Text ersetzen oder vorhandenen Text erweitern und durch deren Zusammenspiel beim Autor oder der Autorin Lernprozesse vertieft werden. Darüber hinaus zeigt sich Multimodalität in Botschaften (z.B. in einem ePortfolio), die ebenfalls bei den Rezipienten verschiedene Sinne ansprechen (z.B. durch Audio, Video, Text) und damit zu einer komplexeren Sinnkonstruktion führen als gedruckter Text allein.

Die zur zielgerichteten Gestaltung von multimodalen Botschaften (z.B. im ePortfolio) nötigen multiliteralen Kompetenzen (z.B. im Zusammenspiel von *digital literacy* und *information literacy*) sind umfassend im Anforderungsprofil. Es sollte daher in Ihrem grundlegenden Interesse liegen, sie systematisch an die Studierenden zu vermitteln. Inzwischen wird immer klarer, dass durch das bewusste Weiterverarbeiten von Informationen in verschiedenen Diskursen im Rahmen der Entstehung eines ePortfolios – vom Sich-selbst-Erklären im privaten Diskurs über das Erklären-für-Peers im halböffentlichen Diskurs hin zum Darstellen für eine erweiterte Adressatengruppe im öffentlichen Diskurs – Lernprozesse nicht nur vertieft werden, sondern auch nachhaltige Wirkung („deep learning", vgl. Atherton 2011) entfalten helfen können. Die in Tab. 2 (siehe S. 39) genannten Einschätzungskriterien können Sie dabei unterstützen, „deep learning" im ePortfolio sichtbar und bewertbar werden zu lassen.

Ideen für Ihre Lehre

	Niveaustufe 1	Niveaustufe 2	Niveaustufe 3
Rubrik	Material wird ohne weiteren Handlungszusammenhang hochgeladen oder verschoben.	Material wird mit minimalen Konsequenzen für die weiterführende Handlung hochgeladen oder verschoben.	Material wird mit umfassenden Konsequenzen für die weiterführende Handlung hochgeladen oder verschoben.
Erklärung der Rubrik	Das Material wird durch die ePortfolio-Autorin/den Autor zufällig und ohne weiteren Zusammenhang zu anderen Informationen präsentiert.	Die ePortfolio-Autorin/der Autor verknüpft zwei oder mehrere Materialien.	Die ePortfolio-Autorin/der Autor verknüpft zwei oder mehrere Materialien auf eine bestimmte Weise, sodass eine weiterführende Bedeutung der Verknüpfung erkennbar wird.

Tabelle 2: Raster zur Beurteilung von Lernqualität in ePortfolios (Bräuer/Keller 2013: 228)

Aus der Schreibberatung wissen wir, dass die in der Tabelle 2 für die elektronisch organisierte Portfolioarbeit beschriebenen Lerneffekte auch im traditionellen Papierportfolio auftreten. Diese lassen sich jedoch, logischerweise, nicht durch ein digitales Tätigkeitsprotokoll erfassen, sondern müssen im Betreuungsgespräch von der Lehrperson erfragt werden.

1.4 Zwischenresümee: Reflexive Praxis als Chance für gelingende Kommunikation zwischen Lehrenden und Studierenden

Ich hatte Sie in der Einleitung etwas provokativ danach gefragt, ob Sie die Bedürfnisse und Möglichkeiten Ihrer Studierenden bzgl. der von Ihnen in Ihren Lehrveranstaltungen verfolgten Ausbildungsziele einschätzen können. Diese Frage habe ich nicht zuletzt deswegen gestellt, da ich meine, dass eine der zentralen Herausforderungen für die Zeit nach der Bologna-Reform im deutschsprachigen Raum die verstärkte Kompetenzorientierung bzw. das *fine-tuning* kompetenzorientierter Lehre ist.

Worin die Anforderungen Ihrer Ausbildungsdisziplin auf der einen und der Stand der persönlichen Studierfähigkeit auf der anderen Seite bestehen und was diese Faktoren für das Zusammenspiel von Lehren und Studieren bedeuten, das muss von allen Beteiligten gemeinsam in einem konkret definierten Bezugsrahmen ausgehandelt werden. Für diesen Verständigungsprozess zählt m.E. jedes einzelne Seminar, jede Vorlesung, jedes Praktikum (etc.). Dazu kann also jeder in seiner Lehre etwas beitragen. Dass diese Mosaiksteinchen als Ganzes zusammengefügt werden müssen, um letztlich auch einen Beitrag zur Hochschulentwicklung leisten zu können, versteht sich von selbst, erledigt sich aber leider nicht von selbst. Hierfür sind Leitungsgremien erforderlich, die bereit sind, Verantwortung für eine nachhaltige Umgestaltung unserer Hochschullandschaft zu übernehmen.

Für den Verständigungsprozess zwischen Studierenden, Lehrenden und Institution scheinen sich elektronische Portfolios besonders gut zu eignen. Das zeigt sich vor allem dann, wenn sie neben der Evaluation von individuellen Studierleistungen außerdem zur Einschätzung der Lehrleistungen bzw. der Effizienz der im Zusammenhang mit den betrachteten Portfolios zum Einsatz gekommenen institutionellen Strukturen genutzt werden. Dies geschieht an US-amerikanischen Universitäten bereits seit einiger Zeit auf der Basis von Kriterien für erfolgreiche Lehre, deren Erreichen durch Software (vgl. u.a. www.foliotek.com), die für die Evaluation von ePortfolios zum Einsatz kommt, erfasst wird und, als Konsequenz dessen, nicht nur zur Konzipierung spezieller hochschuldidaktischer Weiterbildungsangebote führt, sondern auch längerfristig zur Anpassung curricularer und institutioneller Strukturen führt (vgl. Rhodes 2010).

Aber es genügt nicht, Stärken und Schwächen von Lehrenden und Studierenden zu identifizieren. Geklärt werden muss ebenso, wie die eventuell nötigen Veränderungen gestaltet werden sollten und nach welchen Kriterien sich die angestrebten Veränderungen einschätzen lassen. Oft erwarten Studierende diese Kriterien von uns Lehrenden. Wir selbst erhoffen uns diese von den Verwaltungs- und Leitungsgremien unserer Institution. In diesem Zusammenhang besteht jedoch für Organisationen das Problem darin, dass Leistungsvorgaben in großen Bezugsrahmen (z.B. Hochschule) nur pauschal beschreibbar sind. Mit anderen Worten: Allgemeine Beschreibungen von Anforderungen und Leistungserwartungen, ausgegeben durch Institutionen oder Ministerien, müssen erst situiert, d.h. auf eine konkrete Praxis- bzw. Lernergemeinschaft angewandt werden, um sinnvoll Leistungsdiagnose und -einschätzung betreiben zu können und um auf dieser Basis letztendlich u.U. erforderlich werdende Veränderungen zu definieren.

Für diese komplexe Aufgabe schlage ich in Anlehnung an das VALUE-Konzept – Valid Assessment of Learning in Undergraduate Education – der American Association of Colleges and Universities (AAC&U, vgl. Rhodes 2010) die Nutzung von ePortfolios vor, wobei die folgenden Entwicklungsschritte zur Etablierung eines hochschulweiten Portfoliokonzeptes Beachtung finden sollten (vgl. Bräuer 2012c: 190 f., v.a. für die unten *kursiv* gesetzten Begriffe):

- Identifizierung eines robusten Gebrauchswertes für den Einsatz von Portfolios in der Institution (z.B. um den Kompetenz- und Wissenstransfer von der Schule zum Studium besser zu organisieren)
- Identifizierung der zentralen Begriffe (z.B. reflexive Praxis, Studierfähigkeit, Kompetenztransfer) für die Beschreibung der angestrebten Portfolio-Funktion (z.B. studienbegleitendes Portfolio) und Definition derselben in einem Glossar (*framing language*)
- Ermittlung der Ziel- und Wertvorstellungen aller beteiligten Personen (Studierenden, Lehrpersonen, Verwaltungs- und Leitungsgremien) im Zusammenhang mit Portfolioarbeit
- SWOT-Analyse (strengths, weaknesses, opportunities, threats) und die Analyse der für die Einführung von Portfolioarbeit relevanten Rahmenbedingungen (siehe die nachfolgenden Spiegelstriche)
- Identifizierung von Schlüsselkompetenzen im Zusammenhang mit Portfolioarbeit und Beschreibung der Minimalnorm, nötiger Zwischenziele bzw. Meilensteine und der angestrebten Endziele (*rubric grid*)

- Entwicklung und Testen von Lern- und Prüfaufgaben zur Operationalisierung der identifizierten Schlüsselkompetenzen
- Entwicklung und Testen eines Konzepts (Prototyp) zur Portfolioarbeit durch eine von der Leitung der Institution beauftragte Steuergruppe
- Feedback aus dem Kreis aller am Test des Prototyps beteiligten Personen und Vorschläge zur Überarbeitung bzw. Weiterentwicklung des Prototyps
- Auswertung der durch die Studierenden geleisteten Portfolioarbeit in ausgewählten Bereichen und Anpassung der o.g. Beschreibungen und Standards kleinerer und größerer curricularer Bereiche (z.B. Ausbildungsmodul, Studiengang) auf der Basis der in den Portfolios der Studierenden erkennbaren Voraussetzungen und Bedürfnisse

Es wäre jedoch vertane Zeit für Sie als einzelne Lehrperson, auf die Erledigung der o.g. Aufgabenliste zu warten. Im Gegenteil: Unseren individuellen Beitrag in jeder einzelnen Lehrveranstaltung und in den unterschiedlichsten Lehrformaten sollten wir als Basis für die Realisierung der o.g. Punkte verstehen. Die Portfolio-Arbeit in der eigenen Lehre sollte u.a. mithilfe der folgenden Schritte angebahnt werden:

Ideen für Ihre Lehre

Klare Ziele für die Portfolioarbeit formulieren: Identifizieren Sie einen robusten Gebrauchswert für den Einsatz von Portfolios in Ihrer Lehrveranstaltung, z.B. um konkrete Kompetenzen im Verlaufe des Semesters schrittweise auf- bzw. auszubauen und mit vorhandenen Lernerfahrungen und zukünftigen Lernchancen sinnvoll zu verknüpfen (siehe dazu u.a. Kap. 2.2).

Zweck des Portfolios eindeutig bestimmen: Entscheiden Sie, ob Sie das Portfolio eher prozessorientiert (z.B. Lernportfolio) oder produktorientiert (z.B. Bewerbungsportfolio) ausrichten wollen. Als Konsequenz dessen entscheiden Sie sich eher für prozess- bzw. für produktbezogene Aufgabendidaktik.

Wertigkeit des Portfolios transparent machen: Legen Sie den Status der Portfolioarbeit für die Leistungsbewertung fest und definieren

Sie konkrete Bewertungskriterien. Beschreiben Sie die Minimalnorm, erwartete Zwischenziele bzw. Meilensteine und die angestrebten Endziele im Semesterplan.

Kommunikation verbindlich organisieren: Legen Sie Modalitäten für transparente Aufgabenstellungen, Zwischenfeedbacks (von Experten und Peers) und Bewertungsbegründung fest.

Sinnvolle Aufgaben für die Portfolioarbeit entwickeln: Schaffen Sie Lern- und/oder Prüfaufgaben zur Operationalisierung der identifizierten Ziele und Zwecke. Bauen Sie die Aufgabentexte sorgfältig aufeinander auf bzw. verknüpfen Sie die Aufgaben, soweit möglich, miteinander, sodass sich ein konkreter Gebrauchswert für die Portfolioarbeit entfaltet (siehe dazu u.a. Kap. 2.1).

Intrinsische Motivation für Portfolioarbeit klären: Reflektieren Sie im Vorfeld die eigenen Wertvorstellungen und Erfahrungen im Zusammenhang mit Portfolioarbeit. Erfragen Sie die Ziel- und Wertvorstellungen der jeweiligen Zielgruppe (Studierende) im Zusammenhang mit bisheriger reflexiver Praxis und Portfolioarbeit.

Einheitliche Sprache verwenden: Identifizieren Sie die zentralen Begriffe (z.B. reflexive Praxis, Praxisforschung, Berufsfähigkeit) für die Beschreibung der von Ihnen angestrebten Ziele und Zwecke (z.B. Bewerbungsportfolio) und definieren Sie die Kernbegriffe im Semesterplan (siehe dazu u.a. Kap. 2.1).

Aktuellen Lernstand zur reflexiven Praxis ermitteln: Analysieren Sie die Stärken und Schwächen im Umgang mit reflexiver Praxis (z.B. rhetorische Mittel für die verschiedenen Ebenen der Reflexion) und (e)Portfolio (z.B. Medienkompetenz, Gestaltungskompetenz) für sich selbst und bei den Studierenden.

Konzeption zur Portfolioarbeit entwickeln: Beschreiben Sie die angestrebte Portfolioarbeit konzeptuell. Schauen Sie sich nach bereits vorhandenen Erfahrungen (u.a. best practice) um und streben Sie Feedback aus dem Kreis aller an der Portfolioarbeit beteiligten Personen an. Suchen Sie langfristig nach Bündnispartnern, mit denen Sie in Zukunft Portfolioarbeit kooperativ gestalten können.

Vielleicht legen Sie sich zu den oben aufgeführten Punkten eine Tabelle mit dem u.g. Raster an, sodass Sie jederzeit zu Ihrem Arbeitsstand im Bilde sind, wenn Sie Portfolioarbeit für Ihre Lehre (siehe dazu Kap. 3) oder für die Reflexion Ihrer eigenen beruflichen Entwicklung (siehe dazu Kap. 3.7) planen, unabhängig davon, ob diese papierbasiert oder elektronisch erfolgen wird:

Schwerpunkt/ Aufgabe	**Detailaufgaben**	**Ergebnisse**	**Bemerkungen**
Ziele für Portfolioarbeit formulieren	Verankerung in Modulprüfung überprüfen	steht noch aus	Institutsleiterin informieren
Zweck bestimmen	produktorientiert beschreiben (Prüfungsportfolio)	vorerst erledigt	Verankerung in Modulprüfung abwarten
(...)	(...)	(...)	(...)

Zur Umsetzung der oben aufgeführten Schwerpunkte und Detailaufgaben in der Initiierung und Organisation von (e)Portfolio-Arbeit in der individuellen Lehre werde ich Ihnen in den nachfolgenden Buchteilen konkrete Vorschläge unterbreiten.

2 Reflexive Praxis als hochschuldidaktisches Prinzip

Stellen Sie sich vor

> Da Sie eine hohe Relevanz der im Seminar zu leistenden Arbeit für die angezielten Berufsfelder anstreben, bauen Sie in Ihre Input-Phasen regelmäßig Beispiele aus der Praxis mit ein. In der Kleingruppendiskussion bzw. im Gespräch im Plenum fordern Sie die Studierenden auf, Beispiele aus der eigenen (vor-)beruflichen Tätigkeit (Jobben, Praktika, Projekte etc.) einzubringen. Oft bemerken Sie jedoch diesbezüglich Zurückhaltung bei den Studierenden. Wenn Beispiele angesprochen werden, dann sind diese selten konkret und aussagekräftig genug, um tatsächlich die von Ihnen angestrebte Verknüpfung mit fachwissenschaftlichen Zusammenhängen herzustellen. Sie bemühen sich dann, die von den Studierenden angesprochenen Beispiele aus der eigenen Sicht zu ergänzen, Sie merken dabei aber oft, dass Sie damit den Erfahrungen der Studierenden nicht gerecht werden und außerdem viel Seminarzeit verlieren. Sie fragen sich: Was tun?

Das Problem, das sich im o.g. Beispiel zeigt, liegt m.E. auf zwei Ebenen:

a) Vor allem jüngeren Studierenden scheint es schwerzufallen, ihre Erfahrungen theoretisch zu kontextualisieren bzw. unterschiedliche Wahrnehmungswelten (z.B. Arbeitswelt vs. Studium) miteinander zu verknüpfen. Das trifft vor allem dann zu, wenn diese Kontextualiserung im Rückblick geschehen soll. Wesentlich einfacher geht es, wenn Erfahrungen relativ zeitnah oder gar sofort im Prozess des Handlungsvollzugs auf der Grundlage von Orientierungsfragen aus dem Verknüpfungsbereich reflektiert werden.
b) Wie ich bereits in Kapitel 1.2 an einem Textbeispiel gezeigt habe, verfügen Studierende oft nicht über die nötigen rhetorischen Mittel, um reflexive Aussagen für die jeweiligen Adressaten wirkungsvoll zu gestalten.

Im zweiten Kapitel möchte ich deswegen zeigen, welchen konkreten Zweck die einzelnen Ebenen und Medien der Reflexion in der Lehre erfüllen können (siehe noch einmal Abb. 3). Dadurch entsteht ein besseres Verständnis dafür, wie Ihre Anleitungstätigkeit zum Reflektieren konkret aussehen könnte (siehe Kap. 2.1). Reflexion, langfristig als Aufgabenarrangement inszeniert (siehe Kap. 2.2), verknüpft Primärreflexion, bestehend aus Handlungsdokumentation und Spontananalyse, mit Sekundärreflexion, dem Einbinden des Erlebten in den Kontext von Ausbildungs- und Wissenschaftsdiskurs. Aus diesem Verweben des Handelns in verschiedenen Tätigkeitsbereichen (z.B. Unterrichten im Schulpraktikum und akademische Diskussion im Seminar), zu verschiedenen Handlungszeitpunkten und an unterschiedlichen Handlungsorten (z.B. vormittags im Unterricht und nachmittags im Begleitseminar) entsteht ein erhöhter Gebrauchswert reflexiver Praxis im Studium und die Einsicht in die Nützlichkeit des langfristigen Umgangs mit den Denk- und Textbausteinen (siehe Kap. 2.3), die beim Reflektieren entstehen. Vor allem die Erklärungen zur Primär- und Sekundärreflexion und die Darstellung einer neuen Dimension reflexiver Praxis – *Social Video Learning* (siehe Kap. 2.4) – nehme ich anhand des elektronischen Portfolios vor, wobei ich auf dieses spezielle Medium in Kapitel 3.5 und 3.6 noch einmal ausführlich eingehen werde. Abschließend zeige ich (siehe Kap. 2.5), wie ePortfolioarbeit in das individuelle und institutionelle *Literacy Management* eingebunden werden sollte, um reflexive Praxis in vorhandenen bzw. neu zu schaffenden Ausbildungsstrukturen nachhaltig zu stärken.

2.1 Primär- und Sekundärreflexion anregen

Ein Blick in die Praxis

Seit geraumer Zeit biete ich Seminare mit berufspraktischen Elementen direkt im Berufsfeld an. Hier einige Beispiele: Studierende in einem Seminar zur Leseförderung in der Schule leiten z.B. Schülerinnen und Schüler bei der Organisation und Durchführung einer Vorlese-Aktion in der Nachbarschaft an. In einem schreibdidaktischen Seminar bilden Studierende Schüler und Schülerinnen als Schreibberater aus.

In einem Seminar zur journalistischen Bildung produzieren Studierende mit Menschen außerhalb der Hochschule eine Radiosendung oder eine Online-Zeitung. Andere interviewen für dasselbe Seminar Journalistinnen und Journalisten zu deren Schreibprozess und beziehen die Aussagen dieser Expertinnen und Experten auf die ihnen im Seminar vermittelte Schreibprozesstheorie. Egal wo die Studierenden unterwegs sind, sie werden gebeten, Direkteindrücke zu vorher vereinbarten Schwerpunkten oder Fragen entweder als Audio, Video oder Foto festzuhalten. Diese Artifakte zu ihrer Erstreflexion (Primärreflexion) posten sie entweder im Verlaufe des Besuchs im Berufsfeld oder unmittelbar danach in ihr ePortfolio.

Ideen für Ihre Lehre

Ein Arbeitsblatt für diese Primärreflexion könnte z.B. Folgendes beinhalten:

Berichten Sie nach Ihrem Praktikumstag so detailliert wie möglich, was Sie erlebt haben. Beschreiben Sie das Erlebte, indem Sie festhalten, was Sie gesehen, gehört und gesprochen haben. Gehen Sie auch auf spezielle Sinneseindrücke ein, z.B. was Sie gerochen, geschmeckt haben, wie sich ein bestimmter Gegenstand angefühlt hat oder wie Sie sich in einer Situation gefühlt haben. Was haben Sie z.B. gedacht, als Sie am Morgen in den Betrieb oder die Institution/Organisation gekommen und Ihren Kolleginnen und Kollegen zum ersten Mal begegnet sind? Wie haben Sie sich an dem Tag verpflegt? Was war in den Pausen los? Worüber haben Sie mit Ihren Mitstudierenden auf dem Weg nach Hause gesprochen? Welche Eindrücke hatten die anderen vom Praktikumstag? Wie haben Sie dieses Erlebnis in Ihrer Familie oder mit Freunden besprochen?
Damit Sie sich nach dem Praktikumstag an viele Details erinnern, sollten Sie das Geschehen im Verlaufe des Tages durch Fotos, kurze Video- oder Audiosequenzen, aber auch durch Notizen dokumentieren. Damit diese Dokumentation auch wirklich zustande kommt, sollten Sie mehrmals am Tag (z.B. in den Pausen) Ihre Eindrücke dokumentieren. Am wertvollsten sind allerdings Spontanaufnahmen oder Notizen, die Sie sofort im Moment des Geschehens festhalten. Diese Spontandokumentation ist jedoch aus unterschiedlichen Gründen nicht immer möglich und sollte deswegen von Ihnen nicht als alleiniger Weg der Reflexion missverstanden werden.

Zur Dokumentation nutzen Sie ein mobiles, digitales Gerät mit Internetanschluss (z.B. ein Handy oder Smartphone). Helfen Sie sich gegenseitig, falls nicht jeder in Ihrer Praktikumsgruppe ein solches Gerät bzw. einen Internetanschluss besitzt. Fragen Sie bei der Aufnahme von Personen die Betroffenen vorher um Erlaubnis. Bieten Sie an, Ihre Aufnahmen und Notizen auf Wunsch anonym zu gestalten (vgl. Bräuer 2013a).

Die Primärreflexion, verstanden als eine Kombination aus Handlungsdokumentation und Spontananalyse, wird idealerweise direkt am Handlungsort realisiert. Hier geht es vorerst um die Dokumentation von unmittelbaren Eindrücken, die durch Video, Audio und/oder Foto festgehalten werden. Dazu entsteht ein kurzer Text, der den Kontext der festgehaltenen Eindrücke beschreibt, ohne Details oder Zusammenhänge näher zu analysieren oder zu evaluieren. Die o.g. Bestandteile der Primärreflexion werden von den Studierenden unmittelbar in ein persönliches elektronisches Portfolio, das sich z.B. auf dem Server der Hochschule befindet, hochgeladen. Abschließend wird diese Dokumentationsansicht des Portfolios für individuell ausgewählte Mitstudierende (Peers) und für die Lehrperson zwecks Feedback freigeschaltet.

Ideen für Ihre Lehre

Die Sekundärreflexion könnte die folgenden Teilaufgaben umfassen:

1) die Überarbeitung der Primärreflexion (z.B. im ePortfolio abgelegt) anhand eines Peerfeedbacks, verbunden mit dem Ziel, die Dokumentation und Beschreibung dessen, was am Praktikumstag erlebt wurde, selbsterklärend werden zu lassen
2) das Hinterfragen der in der Primärreflexion gelieferten Informationen durch die Lehrperson hinsichtlich eines konkreten Theorie-Praxis-Zusammenhangs
3) das Erarbeiten eines durch die Lehrperson initiierten Theorie-Praxis-Zusammenhangs durch die Studierenden, einschließlich Peer-Feedback dazu
4) die Überarbeitung des durch die ePortfolio-Besitzer hergestellten Theorie-Praxis-Zusammenhangs auf der Basis des Peerfeedbacks, verbunden mit dem Ziel, die durch Analyse und Evaluation erstellte Theorie-Praxis-Verknüpfung selbsterklärend und damit durch andere Peers in weiterführenden Aufgaben nutzbar werden zu lassen

Die für die Primär- und Sekundärreflexion vorgeschlagenen Feedbacks und Überarbeitungen eignen sich m.E. besonders gut als weiterführende Aufgaben, die außerhalb der Seminarzeit erledigt werden, z.B. auf einer elektronischen Lernplattform. In jedem Fall sollten die Spuren dieser Arbeit im persönlichen ePortfolio dokumentiert werden. Die erarbeiteten Informationen und Materialien sollten von der Lehrperson als Lese-, Gesprächs- oder Schreibanlass im Zusammenhang mit weiterführenden Aufgaben zum jeweils aktuellen Thema (z.B. Berufsorientierung) und zur Ausprägung von speziellen Kompetenzen (z.B. Berufsfähigkeit) genutzt werden.

Der Ansatz zur Verknüpfung von Primär- und Sekundärreflexion (Bräuer/Keller 2013) hilft auf hochschuldidaktischer Ebene die zwei Hauptbereiche reflexiver Praxis im Handlungsvollzug erst einmal zu trennen: Dokumentation vs. Analyse, letzteres schließt hier die Ebenen der Evaluation und Planung mit ein.

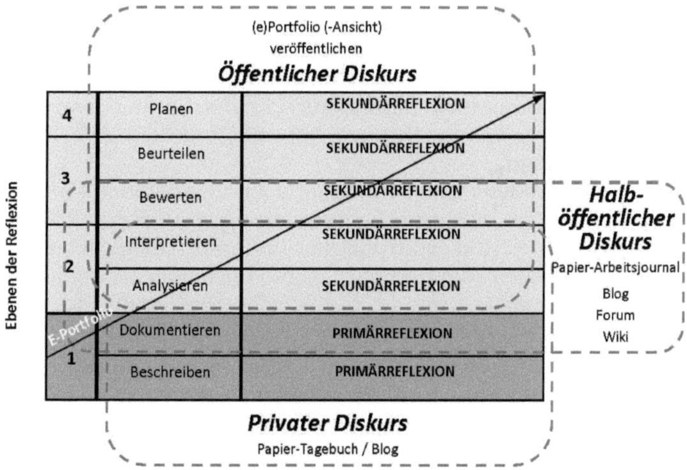

Abb. 4: Primär- und Sekundärreflexion

Damit werden die aufeinander aufbauenden Diskurse (privat vs. halb-/öffentlich) nacheinander angeregt. Durch die in den Arbeitsblättern genauer ausgeführten Teilaufgaben für Primär- und Sekundärreflexion wird die Operationalisierung der verschiedenen Ebenen der reflexiven Praxis als rhetorische Handlungen mental entlastet. Durch Feedbacks von Peers und Lehrperson ergeben sich Zwischenstufen auf dem Weg zum Erreichen einer komplexen sprachlichen Leistung, welche ohne die Teilaufgaben in den reflexiven Texten der Studierenden kaum zu finden ist.

Durch den Einsatz von mobilen, internetfähigen Geräten wird sogenanntes mobiles Lernen (vgl. Döring/Kleeberg 2006, Bachmair 2013) initiiert oder, besser gesagt, profiliert, da ja immer mehr Studierende mobile Geräte privat bereits extensiv nutzen. Kommt es nun zum gezielten Einsatz von solchen Geräten für die Erledigung von Aufgaben im Studium, kann man die Verknüpfung von formellem und informellem Lernen beobachten. Diese Verbindung wiederum sorgt dafür, dass mobiles Lernen als Teil reflexiver Praxis von den Studierenden oft als authentisch bzw. persönlich bedeutsam erlebt wird. Die Authentizität der Aufgaben zur Primär- und Sekundärreflexion ergibt sich jedoch auch durch ihre sinnschöpfende, didaktische Verknüpfung, wodurch ein besonderer, von den Studierenden konkret erlebbarer Gebrauchswert des aufgebrachten Arbeitsaufwandes entsteht.

Die folgenden Arbeitsblätter, die ich in Anlehnung an Barretts (2009) Vorschläge zur Sequenzierung von reflexiver Praxis im Allgemeinen und elektronischer Portfolio-Arbeit (siehe auch 3.5) im Speziellen adaptiert habe, eignen sich m.E. als Grundlage bzw. als Ergänzung für die didaktische Umsetzung des oben dargestellten Ansatzes zur Primär- und Sekundärreflexion.

Ideen für Ihre Lehre

Arbeitsblatt (1)
Aufgabe: Informationen zu einem Thema sammeln und den individuellen Arbeitsprozess dokumentieren
Hauptziel: Dokumente sammeln, sich einen ersten Einblick verschaffen (Primärreflexion)
Orientierungsfragen:
- Was weiß ich bereits über ein Thema?
- Was lerne ich zu einem Thema gerade kennen?

Vorschläge zur technischen Umsetzung:
- eine Ansicht (1) z.B. mit der ePortfolio-Anwendung „Mahara" anlegen (Benennung z.B. „Materialsammlung" oder „Primärreflexion")
  Empfehlung: → Ansicht nur für diejenigen öffnen, von denen Sie in dieser Arbeitsphase ein Feedback erhalten möchten
- papierbasierte Unterlagen nach themenrelevantem Material durchsuchen und bei Bedarf digitalisieren
- den eigenen Computer nach Unterlagen zum Thema durchsuchen und auf Ansicht 1 ablegen
  spezielle Empfehlung für „Mahara": → sämtliche Dateien unter „Meine Dateien" speichern und von dort in die jeweilige Ansicht übertragen; bei jeder Datei im „Betreff"-Feld festhalten, woher das Material stammt
- im Internet recherchieren, u.U. mit Hilfe von Zotero und in der Zotero-Bibliothek zwischenlagern, wenn noch nicht klar ist, ob Sie das Material tatsächlich benötigen werden; auf diese Weise entlasten Sie Ihre „Materialsammlung" im ePortfolio
- den aktuellen Arbeitsprozess, offene Fragen, emotionale Befindlichkeiten (etc.) unter „Meine Blogs" dokumentieren
  Empfehlung: → „Meine Blogs" nicht veröffentlichen! Auszüge können später in diversen Portfolio-Ansichten zur Illustration Ihrer Aussagen und Argumentation einbezogen werden

Die wichtigsten Aussagen dieses Arbeitsblatts bzw. dieser Arbeitsphase sollen durch eine grafische Darstellung von Helen Barrett (2009, mit freundlicher Genehmigung der Autorin) in Abb. 5 visualisiert werden.

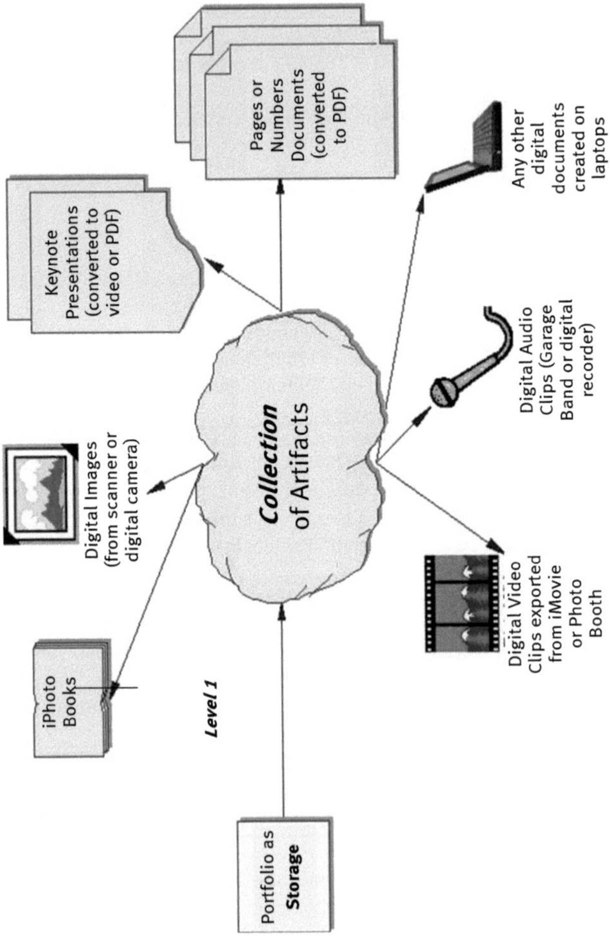

Abb. 5: Sammeln von Primärreflexionen (Barrett 2009)

Arbeitsblatt (2)

Aufgabe: Informationen aus den vorhandenen Dokumenten auswählen, kommentieren und Aussagen bzw. Materialien miteinander verknüpfen; den individuellen Lernprozess analysieren

Hauptziel: die individuelle Bedeutsamkeit einzelner Informationen und Dokumente erkennen, Zusammenhänge herstellen, eigene Erkenntnisse formulieren (Sekundärreflexion)

Orientierungsfragen:

- Was habe ich gelernt?
- Was verbindet die einzelnen Erkenntnisse?
- Was hat das alles mit mir zu tun?
- Wie sehen das meine Peers bzw. meine Lehrperson?

Vorschläge zur technischen Umsetzung mit „Mahara“:

- eine oder mehrere Ansichten anlegen (Benennung z.B. nach Teilaspekten des gewählten Oberthemas)
  Empfehlung: → jeweilige Ansicht nur für relevante Peers öffnen
- dafür könnte Ansicht 1 (z.B. „Materialsammlung“ oder „Primärreflexion“, siehe Arbeitsblatt 1) mit der Funktion „Ansicht kopieren“ als Grundlage genommen und adaptiert bzw. mit Bezug auf den thematischen Teilaspekt, der mit der neuen Ansicht verfolgt wird, ergänzt werden
  Empfehlung: → Neue Dateien wieder erst unter „Meine Dateien“ speichern und von dort in die jeweilige Ansicht übertragen. Bei jeder Datei im „Betreff“-Feld festhalten, woher das Material stammt
- den aktuellen Arbeitsprozess, den Austausch mit den Peers, offene Fragen, emotionale Befindlichkeiten (etc.) wieder unter „Meine Blogs“ dokumentieren
  Empfehlung: →Nun aber auch passende Auszüge aus „Meine Blogs“ in der aktuellen Ansicht verwenden und entsprechend kommentieren

Auch für dieses Arbeitsblatt bzw. diese Arbeitsphase sollen die wichtigsten Aussagen durch eine grafische Darstellung von Barrett (2009, mit freundlicher Genehmigung der Autorin) in Abb. 6 visualisiert werden.

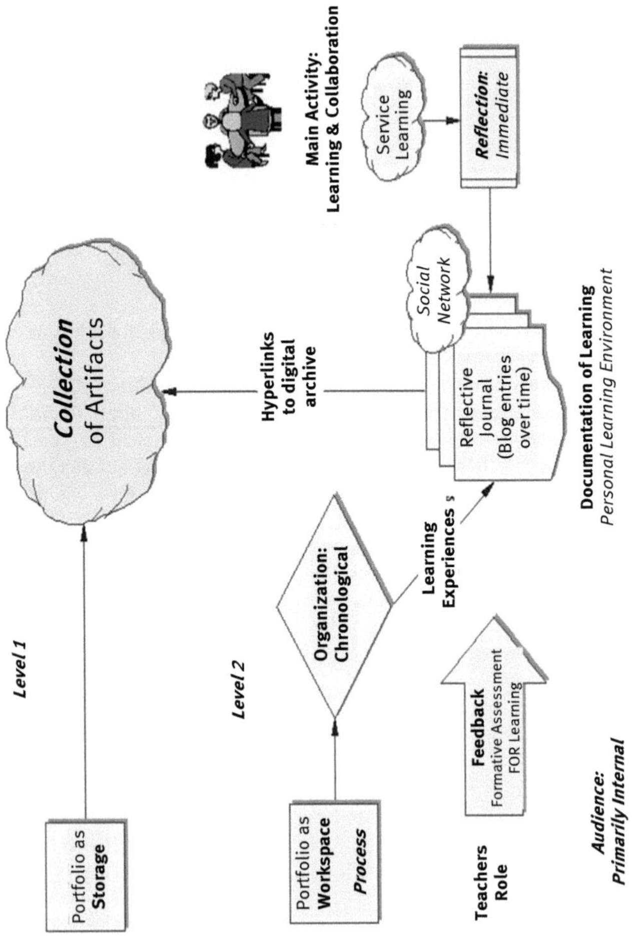

Abb. 6: Zusammenhänge durch Sekundärreflexion herstellen (Barrett 2009)

Arbeitsblatt (3)
Aufgabe: die individuellen Erkenntnisse anderen Leserinnen vorstellen, die Qualität der Ergebnisse des Lernprozesses an den persönlichen Zielen und Wertvorstellungen und den öffentlichen Standards messen
Hauptziel: den Wert des Gelernten erkennen und adressatenorientiert präsentieren
Orientierungsfragen:

- Worin bestehen die Haupterkenntnisse?
- Was ist das Gelernte wert?
- Welche weiterführenden Fragen ergeben sich daraus?
- Welche Konsequenz hat das für mein weiteres Handeln?
- Was kommt als nächster Schritt?

Vorschläge zur technischen Umsetzung mit „Mahara":

- eine neue Ansicht (3) anlegen (Benennung z.B. nach dem angestrebten Leistungsnachweis)
  Empfehlung → Ansicht nun auch für die Lehrperson öffnen)
- dafür könnte Ansicht 2 mit der Funktion „Ansicht kopieren" als Grundlage genommen und adaptiert bzw. mit Bezug auf die vorgegebenen Kriterien des angezielten Leistungsnachweises ergänzt werden
  Empfehlung → neue Dateien auch hier wieder erst unter „Meine Dateien" speichern und von dort in die jeweilige Ansicht übertragen; bei jeder Datei im „Betreff"-Feld festhalten, woher das Material stammt
- jedes in der Ansicht präsentierte Material muss dem Leser oder der Leserin explizit vorgestellt werden (Woher stammt das Material? Warum wurde es ausgewählt? Was wurde dadurch gelernt?)
- das Gesamtarrangement der angelegten Ansichten bzw. der dort dargestellten Aussagen und Materialien muss auch für wenig informierte Leser einen leicht nachvollziehbaren roten Faden ergeben
  Empfehlung → zusammengehörige Ansichten mit der Funktion „Ansichten-Sammlung" bündeln
- die Entstehung der Haupterkenntnisse wird außerdem durch Auszüge aus dem persönlichen Blog („Meine Blogs") illustriert
- diese Präsentationsansicht benötigt eine Einleitung (die Leser und Leserinnen in das Anliegen der Arbeit einführen) und einen Schluss (weiterführende Fragen stellen und deren Beantwortung planen)

Hier möchte ich ebenfalls die wichtigsten Aussagen dieses Arbeitsblattes bzw. dieser Arbeitsphase durch eine grafische Darstellung von Barrett (2009, mit freundlicher Genehmigung der Autorin) in Abb. 7 visualisieren.

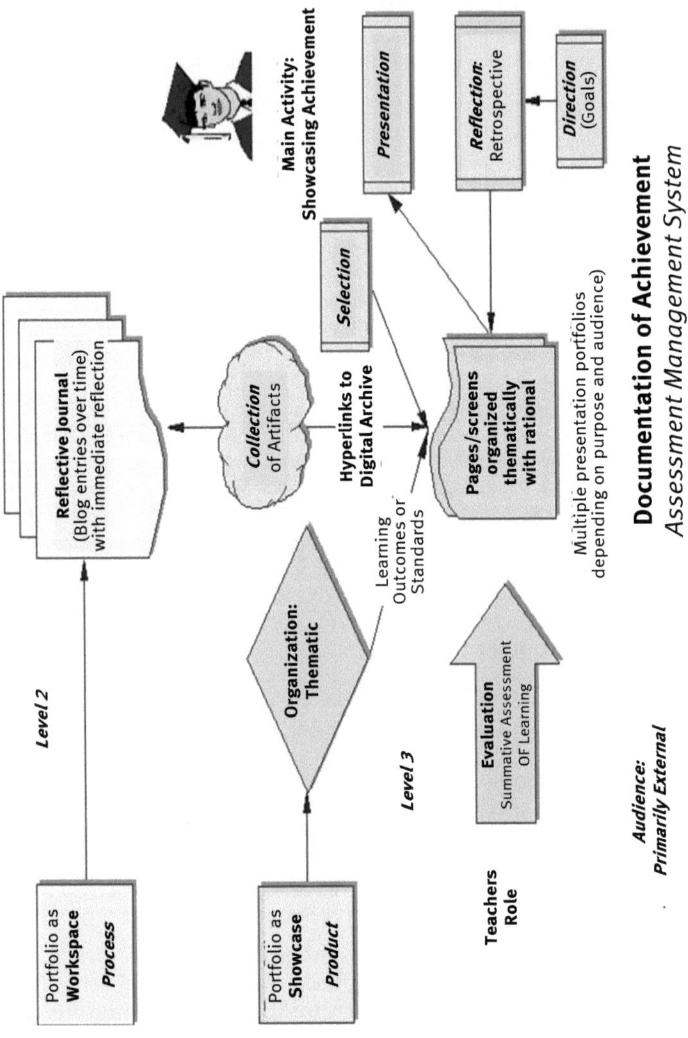

Abb. 7: Das Gelernte adressatenorientiert präsentieren (Barrett 2009)

2.2 Reflexive Aufgaben als roten Faden in Lernarrangements anlegen

Reflexive Aufgaben zu entwerfen, die in Lehre und Lernen Wirkung hinterlassen, scheint für uns Lehrende eine echte Herausforderung zu sein: Diese Aufgaben sollten nicht zu komplex sein, da sie sonst von vielen Studierenden in einem Schutzreflex kurzerhand vereinfacht werden und auf diese Weise lediglich Handlungsberichte, garniert mit Pauschalurteilen, entstehen (siehe Kap. 1.2).

Andererseits sollten reflexive Aufgaben aber unbedingt einen konkret erlebbaren Gebrauchswert im jeweils aktuellen Lernprozess initiieren, damit sie von den Studierenden ernst genommen werden. Dazu trägt wesentlich bei, wenn diese Aufgaben miteinander verknüpft werden, sodass sie sich längerfristig einbinden lassen in Bewertungsprozesse und in die Kompetenzentwicklung, insbesondere zur Fähigkeit des Steuerns von Handlungen. Mit anderen Worten: Aufgaben zur Anleitung reflexiver Praxis sind „komplexe Kompetenzaufgaben" (Hallet/Krämer 2012), die sich durch folgende Qualitäten auszeichnen:

- direkter Bezug zur Lebenswelt der Lernenden
- Komplexität mit Bezug auf verschiedene, reale Diskurse
- schrittweise Kompetenzentwicklung
- Prozessorientierung und Offenheit in der Art und Weise der Aufgabenrealisierung (vgl. ebenda)

Stellen Sie sich vor

Sie haben die Studierenden zu Beginn des Semesters dazu aufgefordert, als Begleitung zu Ihrer Lehrveranstaltung ein Portfolio zu führen. Im Semesterplan steht diese Aufgabe ebenfalls, verbunden mit dem Hinweis, an einem vom Schreibzentrum oder einer anderen zentralen Einrichtung angebotenen fakultativen Workshop zur Portfolioarbeit teilzunehmen oder die studentische Schreibberatung in Anspruch zu nehmen. Gegen Semesterende erinnern Sie an diese Aufgabe und fragen nach dem Arbeitsstand. Es stellt sich heraus, dass kaum jemand bisher etwas dafür getan hat. Als Sie nach den Gründen fragen, erfahren Sie, dass niemandem so recht klar war, was ein Portfolio ist, wie man es anlegt und führt.

Es ist durchaus verständlich, wenn Sie in dieser Situation verärgert sind: Sie haben die Begleitung der Portfolioarbeit gut geplant, aber es hat doch nichts genützt. Sie fragen sich, warum die Studierenden die Unterstützungsangebote nicht angenommen bzw. offensichtlich nicht eigenverantwortlich gehandelt haben.

Auf den zweiten Blick gesehen ist es nachvollziehbar, warum die Studierenden in der geschilderten Situation mehr oder weniger untätig geblieben sind. Denn Motivation für selbstgesteuertes, eigenverantwortliches Handeln entsteht nicht allein aufgrund der Existenz von Begleitangeboten. Solche flankierenden Maßnahmen signalisieren vielen Lernenden u.U. nicht stark genug, dass die von ihnen erwartete Anstrengung auch wirklich einen Sinn hat. Fließt die Reflexion nicht direkt in das Bewertungssystem mit ein, zeigt sich das Problem der Glaubhaftigkeit der Aufgabenstellung ganz besonders deutlich. Portfolioarbeit wird dann oft als „Beschäftigungstherapie" missverstanden und deswegen gerne verdrängt.

Ideen für Ihre Lehre

Was es für selbstgesteuertes und eigenverantwortliches Handeln der Studierenden braucht, ist ein bereits in der Aufgabenbeschreibung transparenter, robuster Gebrauchswert für die angestrebte Reflexion. Die spezielle Qualität eines robusten Gebrauchswertes sehe ich auf zwei Ebenen:

a) Auf institutioneller Ebene: direkte Verankerung in der Bewertungspraxis der Lehrperson bzw. den Studienbestimmungen des Ausbildungsfaches oder der Hochschule. Im Semesterplan hieße das z.B.: „Ihr Portfolio fließt zu x% in die Gesamtbewertung mit ein.")

b) Auf individueller Handlungsebene: Der Aufgabentext signalisiert einen konkreten Gebrauchswert, der sich auf die Funktion der eingeforderten Reflexion für den weiteren Verlauf der Arbeit bezieht und der durch die Studierenden individuell erlebt werden kann. (Im Aufgabentext hieße das z.B.: „Führen Sie zur Seminarlektüre auf einem persönlichen Blog ein Lesetagebuch und nutzen Sie Textbausteine davon für die im Verlaufe des Semesters mehrfach eingeforderten Lektürezusammenfassungen. Benutzen Sie am Semesterende Lektürezusammenfassungen und Lektüre-Blog als Grundlage zur Gestaltung Ihres Präsentations-Portfolios.")

Zur Konstruktion eines robusten Gebrauchswertes von reflexiver Praxis folgt nun noch ein detailliertes Beispiel.

Stellen Sie sich vor

In Ihrem Seminar müssen alle Teilnehmenden ein Referat halten. Die Note des Referats wird aber nicht nur auf der Grundlage der Präsentation vergeben, sondern auch anteilig auf der Basis eines elektronischen Portfolios (Lernportfolio, siehe Kap. 3.2), in das die folgenden Dokumente eingebunden werden müssen:

a) die visualisierte Version des Vortrags (z.B. PowerPoint oder PREZI)
b) Vorarbeiten bzw. Textbausteine für den Vortrag, die rückblickend als entscheidend für den (Miss-)Erfolg des Referates gesehen werden
c) Peer-Feedback für eine konkrete Vorbereitungsphase des Referats
d) ein Poster zu den Kernideen des Vortrags, das im Verlaufe des Semesters für einen Poster-Markt eingesetzt wird
e) das Handout, das zum Vortrag an die Zuhörenden ausgeteilt wird
f) ein Blog, in dem die Entstehung der Arbeitsergebnisse dokumentiert und die damit zusammenhängenden Erkenntnisse reflektiert werden

Auf der Basis eines solchen ePortfolios könnte den Studierenden zusätzlich die Möglichkeit angeboten werden, am Semesterende ein Thema für eine Prüfungsleistung (z.B. für Modularbeit oder eine mündliche Prüfung) einzureichen. Längerfristig könnte sich aus dieser Semesterabschlussleistung und dem dazugehörigen ePortfolio ein Themenvorschlag für die Studienabschlussarbeit ergeben. Zur besseren Übersicht der Anforderungen und Verwendungsmöglichkeiten könnte dem Semesterplan ein Fluss-Diagramm für dieses Aufgabenarrangement beigelegt werden (siehe Abb. 8).

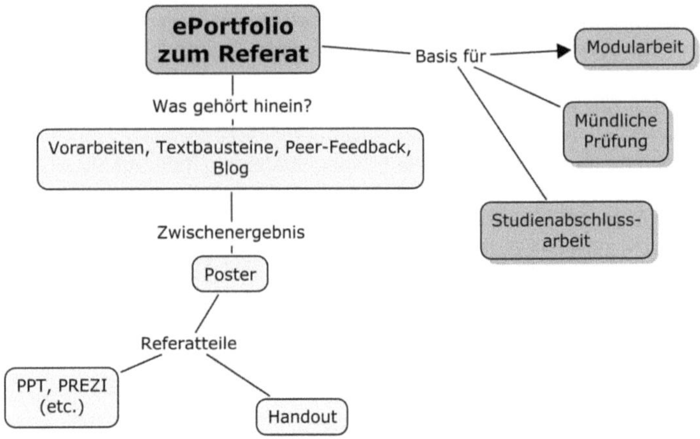

Abb. 8: Fluss-Diagramm zur Aufgabe „ePortfolio zum Referat“

Ich möchte das bisher Gesagte noch einmal aus der Perspektive der Lehrperson zusammenfassen, indem ich die Prinzipien für die Konstruktion von authentischen Reflexionsaufgaben hier **im Fettdruck hervorhebe**: Im Rahmen der semesterbegleitenden Portfolioarbeit versuchen Sie also mit reflexiven Aufgaben die Lernenden **da abzuholen, wo sie sich gerade im Arbeitsprozess befinden**. Für dieses Vorgehen müsste ein Großteil der Aufgaben zur reflexiven Praxis **ad hoc formuliert bzw. angepasst** werden.

Den Studierenden ist zwar durch die **Seminarbeschreibung** bereits von Semesterbeginn an klar, dass sie als Leistungsnachweis (oder als Teil davon) ein Portfolio erstellen müssen und dazu **bestimmte Pflichteinlagen** (siehe mein o.g. Beispiel) entstehen. Ihnen sind auch bestimmte **Teilaufgaben im Zusammenhang mit den Pflichteinlagen in der Grundform** bekannt. (Z.B. „Holen Sie sich Feedback auf Ihren Referatsentwurf ein und geben Sie ein solches Feedback an einen Peer.“)

Allerdings sollten diese **Teilaufgaben neu situiert** werden, indem Sie in der überarbeiteten Aufgabenbeschreibung **auf aktuell vorhandene Bedürfnisse und Notwendigkeiten eingehen**: Es könnte zum Beispiel sein, dass bei den ersten Referaten zum Semesterbeginn sich mehrfach dieselben Probleme zeigen (z.B. bei der effektiven Gestaltung einer PREZI-Präsentation als Alternative zum traditionellen PowerPoint-Format). Sie könnten als Reaktion darauf die Feedback-Aufgabe auf dieses aktuelle Problem ausrichten und die Beteiligten außerdem dazu auffordern, in ihrem Blog kurz zu beschreiben, welche Einsichten bzw. Veränderungen das Peer-Feedback zum jeweiligen Problem (z.B. Anfertigen der PREZI-Präsentation) ausgelöst hat.

Sie könnten **bei Bedarf zusätzliche (u.U. fakultative) Aufgaben** anregen, z.B., dass die individuellen Erfahrungen mit der digitalen Präsentationsanwendung PREZI im elektronischen Forum auf der Seminar-Lernplattform noch einmal in Kurzfassung präsentiert werden, sodass auf diese Weise sukzessive eine Hinweisliste für die später im Semester Vortragenden (bzw. die Studierenden in den nachfolgenden Semestern) entsteht. Indem die Studierenden hier zwischen privatem Diskurs (Blog) und halböffentlichem Diskurs (Peer-Feedback und Gruppenforum) hin- und herpendeln, erleben sie die von ihnen geleistete reflexive Praxis mit einem konkreten Gebrauchswert und damit als authentische Arbeitsleistung. Ich beobachte bei solchen Aufgaben nicht selten die Entstehung einer Art Vorschuss-Motivation, mit der dann auch weniger situierte Aufgabenstellungen motiviert bearbeitet werden.

In der Schreibdidaktik sprechen wir von „Aufgaben mit Profil" (Bachmann/Becker-Mrotzek 2010) oder von „komplexen Kompetenzaufgaben" (Hallet/Krämer 2012). Diese entstehen durch das Zusammenspiel von Hilfstexten – das sind Texte, die zur Unterstützung eines umfassenden Arbeitsprozesses für einen einmaligen Zweck verfasst werden (z.B. Peer-Feedback) – und von Transfertexten – das sind Texte, die, ebenfalls im Rahmen längerfristiger Arbeitsprozesse, bereits für einen bestimmten Adressaten verfasst wurden und später für einen neuen Verwendungszweck und Adressaten adaptiert werden (z.B. wenn der Eintrag im privaten Blog für das Gruppen-Forum paraphrasiert wird). Durch das Zusammenspiel von Hilfs- und Transfertexten (vgl. Bräuer/Schindler 2011: 34 ff.) entsteht der Effekt des bereits erwähnten *scaffolding*, des Aufbauens eines Gerüsts, mit dessen Hilfe die Studierenden zu einer neuen Ebene der Erkenntnis gelangen können. Konkrete Aufforderungen zum Handeln (*prompts*) aus einer der unten aufgelisteten Richtungen geben den Anstoß zur Weiterarbeit:

a) **textuell** (z.B. in der Aufgabenbeschreibung, im Seminarplan)
b) **medial** (z.B. durch das Einrichten von privaten Blogs und einem Gruppenforum auf einer Lernplattform durch die Lehrperson)
c) **institutionell** (z.B. durch die Prüfungsordnung, die ein Modul-Portfolio verlangt und dessen spätere Einbindung in ein studienbegleitendes Portfolio festlegt)

Die Lernforschung hat inzwischen herausgefunden, dass sich die Wirkung der o.g. Handlungssignale (*prompts*) schnell abnutzt, wenn diese in ein und demselben Format und derselben Formulierung innerhalb eines längerfristigen Arbeitsprozesses (z.B. im Semesterverlauf) mehrfach genutzt werden. Mit dem uns allen vertrauten Hinweis an die Studierenden („Ich erinnere an die Informationen zum Portfolio im Semesterplan.") lässt sich also leider kaum ein echter Handlungsimpuls setzen. Abnutzungserscheinungen von *prompts* können auf die im Folgenden beschriebenen Weisen eingeschränkt werden.

Ideen für Ihre Lehre

a) sprachliche Reduzierung: aus einer detaillierten Reflexionsaufgabe wird eine Kurznotiz („Achtung, diese Woche Blog-Eintrag nicht vergessen!")
b) mediale Veränderung: aus dem Aufgabentext im papierbasierten Semesterplan wird ein elektronisches Poster auf der Lernplattform, das außerdem als E-Mail-Anhang allen Seminarteilnehmenden zugeschickt wird
c) Einbindung der ursprünglichen Information in einen aktuellen Handlungszusammenhang: das in b) genannte elektronische Poster wird im Seminar als Beispiel für die Vor- und Nachteile medialer Kommunikation kritisch diskutiert

Im Zusammenhang mit der zuletzt genannten Möglichkeit (c) der Aufgabenerneuerung in einem veränderten inhaltlichen Kontext möchte ich auf die von Prior/Looker (2009) vorgeschlagene Methode des *anticipatory response* – ich nenne das vorausschauendes Feedback – hinweisen. Den Kern des methodischen Vorgehens markiere ich mit drei Begriffen: Erinnern (an bereits vorliegende

Erfolge im Umgang mit ähnlichen Schreibaufgaben und Textsorten), Orientieren (auf ein neues Ziel), Anleiten (zum Erreichen dieses neuen Ziels). Mithilfe des Portfolios, in dem Arbeitsprozesse regelmäßig festgehalten werden, wobei Stärken bzw. Schwächen hervortreten, lässt sich auf diese Weise fast jede allgemein formulierte Reflexionsaufgabe (z.B. aus dem Semesterplan) individuell konkretisieren und aktualisieren. Damit wird jedoch nicht nur die nächste Reflexionsaufgabe stärker intrinsisch motiviert, es wird auch der grundsätzliche Gebrauchswert des Portfolios bzw. der bisher geleisteten Portfolioarbeit für die jeweiligen Portfolio-Besitzerinnen und -Besitzer transparent. Ein solches vorausschauendes Feedback kann z.B. so klingen:

Ein Blick in die Praxis

Eine Studentin wendet sich per E-Mail an die Freiburger Schreibberatung mit der Frage, ob sie in Vorbereitung auf einen Projektbericht unbedingt eine Gliederung anfertigen müsse. Mit Blick auf die begrenzte Zeit bis zum Abgabetermin würde sie diesen Zwischenschritt eigentlich einsparen. Hier die schriftliche Antwort der Beraterin, die, auf der Grundlage des vorab eingesehen ePortfolios der ratsuchenden Person, ein vorausschauendes Feedback gibt:

„Ob jemand eine Gliederung als Planungsschritt braucht, hängt von mehreren Faktoren ab, die wir gemeinsam in einem Beratungsgespräch diskutieren müssten. Grundsätzlich aber möchte ich mit Blick auf dein ePortfolio sagen, dass du ja bisher sehr gute Erfahrungen mit Gliederungen in deinem Schreibprozess gemacht hast. Da stellt sich mir die Frage, warum du gerade jetzt, wo du sowieso schon unter Termindruck zu stehen scheinst, etwas an deiner Routine verändern willst. Aus der Schreibprozessforschung wissen wir nämlich, dass es oft zu Störungen im Schreibhandeln kommt, wenn man plötzlich die gewohnte Art und Weise der Textproduktion verändert.
Außerdem möchte ich dich daran erinnern, dass der bald fällige Projektbericht schon in ein paar Wochen von dir in eine journalistische Reportage eingebaut werden soll. Ich könnte mir gut vorstellen, dass du dann ganz sicher von einer vorhandenen Gliederung profitieren würdest, nämlich, wenn du dann versuchen wirst, die Struktur des Projektberichts mit der für die Reportage nötigen Gliederung sinnvoll zu verknüpfen.“ (aus: unveröffentlichtes Beratungsprotokoll des Freiburger Schreibzentrums)

Der Kommentar der Beraterin verdeutlicht ein Genre-System (vgl. Bazermann 2004), in dem die ratsuchende Person handelt. Die Bestandteile dieses Genre-Systems (Gliederung, Projektbericht, Reportage) und die damit verbundenen potenziellen Synergieeffekte werden durch das Portfolio zwar bereits transparent, aber wohl erst durch den Kommentar der Beraterin für die Studentin sichtbar und damit später nutzbar.

Wenn Aufgaben für Portfolioarbeit als Teil des Diskurses zwischen Lehrpersonen und Studierenden, aber auch zwischen den Peers, immer wieder neu situiert werden, dann hilft diese Kommunikation bei der individuellen Sinnstiftung reflexiver Aufgaben und auch bei der **Etablierung bzw. Profilierung der Lernergemeinschaft.** Aus der eigenen Erfahrung mit Portfolioarbeit weiß ich, dass reflexive Aufgaben also nicht nur einen roten Faden im Rahmen längerfristiger Lernarrangements bilden können. Vielmehr initiieren sie durch Aktivitäten wie Peer-Feedback und das Freischalten („Teilen") von ePortfolio-Ansichten auch verstärkt die Kooperation zwischen einzelnen Mitgliedern der Lernergemeinschaft.

Die in der Abbildung 9 dargestellten Verbindungen zwischen den Aufgaben in den drei Hauptphasen der ePortfolioarbeit (hier mithilfe der Plattform „Mahara") zeigen Folgendes (siehe dazu auch noch einmal die drei Aufgabenblätter in 2.1 und die Abbildungen 5, 6, 7):

a) wie Hilfs- und Transfertexte entstehen und somit der kognitive Arbeitsspeicher entlastet wird
b) wie dadurch der Gebrauchswert des gesamten Aufgabenarrangements potenziert wird
c) wie sich im Vollzug der Teilaufgaben die Lernergemeinschaft bildet bzw. diese weiter profiliert wird

Mit Blick auf diese Abbildung (9) möchte ich auch noch einmal die Verknüpfung zwischen den drei Medien reflexiver Praxis – Tagebuch, Arbeitsjournal, Portfolio – hervorheben (vgl. dazu auch noch einmal Kap. 1.3) und deutlich unterstreichen, dass nicht zuletzt die Qualität der reflexiven Aufgaben für das Führen von Tagebuch und Arbeitsjournal wesentlich zu gelingender Portfolioarbeit insgesamt beiträgt. Das soll am Beispiel der Blog-Arbeit in allen drei Phasen der Entstehung des ePortfolios verdeutlicht werden (siehe auch Kap. 3.5).

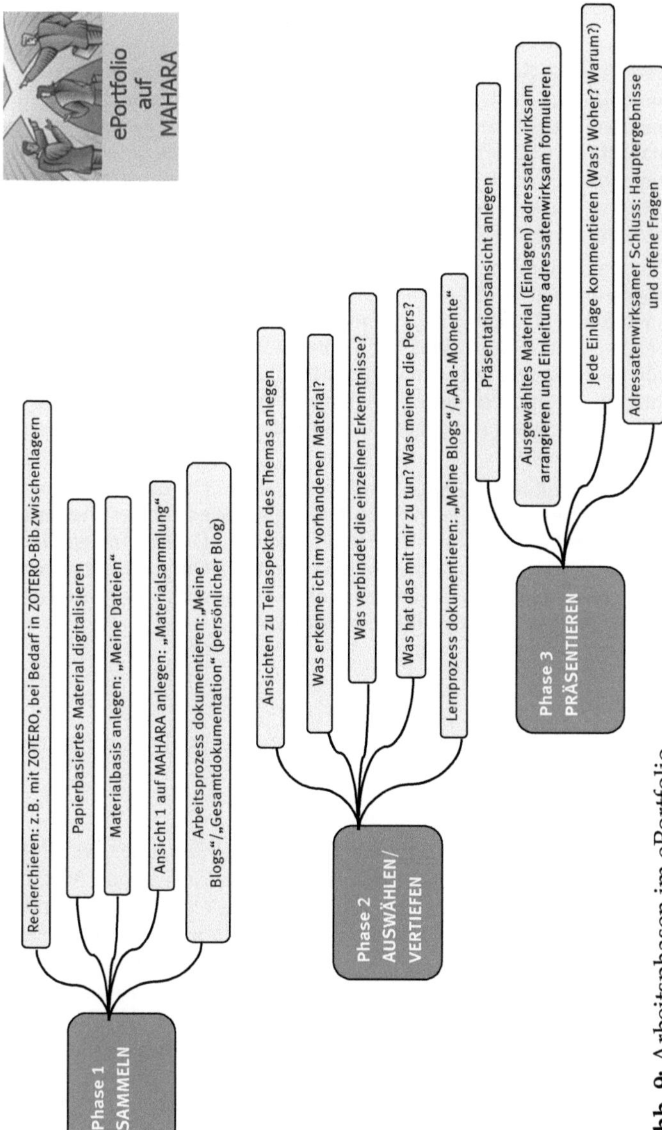

Abb. 9: Arbeitsphasen im ePortfolio

Ideen für ihre Lehre

Bereits in der **Sammel-Phase** wird ein persönlicher Blog angelegt, um dort den Arbeitsprozess im Verlaufe aller drei Phasen zu dokumentieren. Die Beantwortung der Frage **„Was haben Sie heute gemacht?“** ist vielleicht der wirkungsvollste und für alle Beteiligten am einfachsten umsetzbare „rote Faden“, den Sie als Lehrperson durch reflexive Praxis in längerfristigen, umfassenden Aufgaben- bzw. Lernarrangements initiieren können.

Für den persönlichen Blog kann ab der **Auswahl- und Vertiefungsphase** ein weiterer Schreibimpuls hinzukommen, indem so genannte Aha-Momente, Situationen mit überraschender Einsicht also, beschrieben werden: **„Was hat Sie heute überrascht?“** Diese Frage könnte außerdem in einem Gruppenforum, dem digitalen Arbeitsjournal, weiter diskutiert werden, indem dort individuelle Aha-Momente gesammelt und gemeinsam Gründe für diese Überraschung gesucht werden.

In der **Präsentations-Phase** könnte der persönliche Blog noch einmal erweitert werden, nämlich mit der Frage **„Was hat das alles mit mir zu tun?“**, wobei man sich dabei entweder auf eine simplen, dokumentierten Fakt oder einen Aha-Moment bezieht. Auch diese persönliche Bedeutsamkeit könnte, je nach Bedarf für den weiteren Arbeitsverlauf, im Gruppen-Blog vertieft werden.

2.3 Das schreibdidaktische Glossar als Gegenstand reflexiver Praxis

Im Folgenden soll ein spezieller Gegenstand der reflexiven Praxis vorgestellt werden. Das schreibdidaktische Glossar als Methode wissenschaftlichen Arbeitens und Schreibens eignet sich besonders gut für die sinnvolle inhaltliche Gestaltung von Portfolioarbeit im Studium: zum Beispiel als Wiki auf der Reflexionsebene der Analyse und Interpretation (siehe Abb. 3, Kap. 1.3), entweder für das sukzessive oder für das rückblickend angefertigte Portfolio. „Ideen für Ihre Lehre“ dazu finden Sie am Ende dieses Teilkapitels.

Das schreibdidaktische Glossar hat sich außerdem in der Beratung von Studierenden als Mittel zur Entlastung der von der Schreibforschung festgestellten latenten mentalen Überforderung im Schreibhandeln im Allgemeinen (vgl. Kellogg et al. 2007) und beim reflexiven Schreiben im Besonderen (vgl. Bräuer 2009b) bewährt. Diese Methode ist u.a. erfolgreich, weil es mit ihr offensichtlich gut gelingt, die individuellen Bedürfnisse der Schreibenden hinsichtlich ihres persönlichen Schreibertyps zu bedienen. Insofern eignet sich das Glossar gut für alle Formen reflexiver Praxis, Tagebuch, Arbeitsjournal und Portfolio, aber insbesondere für das Lernportfolio (siehe auch Kap. 3.2), bei dem Tagebuch und Arbeitsjournal Zuträgerfunktionen haben. Ich möchte im Folgenden kurz die zwei wichtigsten Schreibertypen erst einmal vorstellen.

Der Schreibprozessforscher David Galbraith (2009) bezeichnet den einen Schreibertyp als „low-self monitor", das sind Studierende, die gerne drauflosschreiben und die ich deswegen Strukturschaffende nenne (Bräuer 2009a: 56). Diese Bezeichnung drängt sich deswegen auf, weil Strukturschaffende sich anscheinend gern schreibend mit dem zur Diskussion stehenden Gegenstand auseinandersetzen und im Vollzug dieses Handelns sukzessive, aber mehr oder weniger unreflektiert, Textstrukturen entwickeln, die sie dann auch für die vorliegende Schreibaufgabe bzw. die von ihnen angestrebte Textsorte (z.B. die wissenschaftliche Hausarbeit) nutzen.

Strukturfolgende (ebenda) hingegen scheinen mehr daran interessiert zu sein, sich einem Gegenstand der Erkenntnis lesend zu nähern. Sie nehmen im Leseprozess offensichtlich recht schnell die Strukturen wahr, mit denen der jeweilige akademische Gegenstand in den rezipierten Texten dargestellt wird. Diese Strukturen aus der Lektüre bzw. Strukturadaptionen, die sie im Kopf vollziehen, ohne bereits etwas aufzuschreiben, nutzen sie als Orientierung, wenn sie die vorliegende Schreibaufgabe bearbeiten und den von ihnen erwarteten Text schreiben. Da sie ihr Schreibhandeln gerne immer wieder mit der ihnen vorschwebenden Grundstruktur abgleichen, bezeichnet Galbraith (2009) diese Schreibenden als „high-self monitors".

Die Vor- und Nachteile beider Schreibertypen liegen auf der Hand und lassen sich, sehr stark vereinfacht, wie folgt charakterisieren: Während Strukturschaffende sich in der Textproduktion persönlich bedeutsame Erkenntnisse zum jeweiligen akademischen Gegenstand erarbeiten, aber wenig strukturierte und an den Erfordernissen der angezielten Adressaten ausgerichtete Texte produzieren, gelingt es Strukturfolgenden, planvoll zu arbeiten und, oft durch Imitation der Lektüre, adressatengerechte Texte zu erstellen. Das von ihnen in der Textproduktion erworbene Wissen ist jedoch, laut einer Studie von Galbraith (ebenda), weniger nachhaltig als das der Strukturschaffenden.

Mit der Methode des schreibdidaktischen Glossars können beide Schreibertypen stärkenorientiert arbeiten und damit gleichzeitig Nachteile ihres typischen Schreibhandelns kompensieren. Bevor ich im Detail zeige, wie das praktisch umgesetzt werden kann, werde ich zunächst die Methode des schreibdidaktischen Glossars genauer vorstellen.

Glossare klären grundsätzlich Begriffe, die für das Verständnis eines bestimmten Textes von zentraler Bedeutung sind. Während das herkömmliche Glossar, das man z.B. im Anhang von Sachbüchern findet, nur eine kurze Begriffserklärung bietet, besteht das schreibdidaktische Glossar aus drei Teilen, die für jeden Begriff im Glossar angelegt werden: Definition, Erklärung, Beispiel.

Diese drei Glossarteile sind bekanntlich gleichzeitig die Hauptbestandteile wissenschaftlicher Argumentation. Mit der Definition wird der direkte Anschluss zum bereits bestehenden Wissenschaftsdiskurs hergestellt. Von den Studierenden werden entweder Begriffsdefinitionen vollständig aus der Fachliteratur zitiert oder in Ausschnitten paraphrasiert, vor allem, wenn Teile unterschiedlicher Begriffsdefinitionen als Arbeitsdefinition für die Beantwortung der eigenen Forschungsfrage kombiniert und adaptiert werden. Das sind jedoch Abstraktionsleistungen, mit denen vor allem Studienanfänger größte Schwierigkeiten haben, nicht zuletzt, weil ihnen verständlicherweise das Überblickswissen zum jeweiligen akademischen Gegenstand fehlt.

Hingegen fühlen sich weniger erfahrene Studierende auf der Ebene der Erklärung, aber besonders auf der Ebene der Beispielgebung wesentlich wohler. In der Erklärung werden die Zusammenhänge zwischen den Bestandteilen einer Begriffsdefinition dargestellt. Auch diese Zusammenhänge können aus der Fachliteratur referiert werden. Aber sie können ebenfalls als Selbsterklärungstexte dazu beitragen, sich mit einem Gegenstand schreibend näher vertraut zu machen. In der Erklärung wird außerdem ausgeführt, wie diese Zusammenhänge sich in der Fachliteratur entwickelt haben bzw. wie sie aktuell diskutiert werden. Damit muss nicht sofort eine komplexe wissenschaftsgeschichtliche Darstellung entstehen. Hier kann durchaus punktuell und sukzessive gearbeitet werden. Beispiele helfen dabei, die komplexen Zusammenhänge der Erklärung im Einzelnen zu veranschaulichen und zu verdeutlichen. Das wiederum kann maßgeblich zum Selbstverständnis der Studierenden hinsichtlich des gewählten Gegenstandes beitragen.

Ich spreche von einem schreibdidaktisch inszenierten Glossar, weil durch den Dreischritt in dessen Erstellung sowohl der Schreibprozess als auch der disziplinspezifische Lernprozess der Studierenden gezielt entlastet wird. Vor allem auf den Ebenen Erklärung und Beispiel entstehen bei Bedarf die erwähnten Selbsterklärungstexte, die die Schreibforschung als „writer-based prose" (Scardamalia/Bereiter 1987) bezeichnet und den Schreibenden eine gesunde Distanz zu den Textkonventionen im akademischen bzw. wissenschaftlichen Diskurs ermöglicht. Nicht zuletzt wird durch diese Distanz zur Textkonvention - hier verstanden als zusätzliche mentale Belastung in der Textproduktion - die Möglichkeit der (De-/Re-)Konstruktion von persönlich bedeutsamem Wissen quasi in einem Schutzraum eröffnet (z.B. als papierbasiertes Arbeitsjournal oder digitales Gruppenforum), der sich bei der Anleitung und beratenden Begleitung von Studierenden immer wieder als wichtige Grundlage für den Brückenschlag zum adressatenorientierten Schreiben erweist. Für diesen Brückenschlag entstehen im Glossar Textbausteine, die die sukzessive Etablierung der Adressatenorientierung - Scardamalia/Bereiter (1987) sagen „reader-based prose" - im angepeilten Genre (z.B. in der Graduierungsarbeit) unterstützen.

Ideen für Ihre Lehre

Mit dem schreibdidaktischen Glossar kann die Textproduktion schreibertypenspezifisch gefördert werden, indem den Schreibenden mit Definition, Erklärung und Beispiel drei verschiedene Darstellungsebenen zur Auswahl stehen, die sie je nach ihren schreibertypischen Bedürfnissen abarbeiten.

Strukturschaffende beginnen die Erarbeitung eines Glossarbegriffs, unabhängig von ihrer Erfahrung als akademisch Schreibende, gern auf der Beispielebene. Sie wählen u.U. Bezüge zur eigenen Erfahrungswelt oder konstruieren Beispiele, mit denen sie ihre Vorstellungen komplexer Zusammenhänge des jeweiligen Gegenstandes durchspielen. Erst später im Arbeitsprozess werden diese Bezüge zur eigenen Erfahrungswelt durch Beispiele aus der Fachliteratur ersetzt. Von der Beispielebene bewegen sich Strukturschaffende gerne auf die Erklärungsebene, wo sie die Beispiele mit Informationen aus der recherchierten Lektüre in Zusammenhang bringen. In einem ersten Schritt werden diese Erklärungen gern als sogenannte „Ich"-Texte formuliert, bevor diese Textbausteine in die jeweilige Wissenschaftssprache übertragen werden, wo z.B. die Verwendung der ersten Person Singular u.U. ausdrücklich nicht erwünscht ist. Vor allem in einem solchen Fall wäre es für Strukturschaffende in doppelter Hinsicht belastend, wenn sie sofort, also ohne den Zwischenschritt des Glossars, im angezielten Diskurs schreiben müssten. In einem abschließenden Schritt wird die Begriffsdefinition aus der Fachliteratur übernommen. Für Strukturschaffende besteht die Gefahr, dass sie auf der Beispiel- und Erklärungsebene tendenziell sehr lange Texte schreiben. Andererseits erarbeiten sie sich durch dieses extensive Schreiben oft eine deutliche Souveränität im Umgang mit dem Gegenstand ihrer Darstellung.

Strukturfolgende beginnen die Erarbeitung eines Glossarbegriffs, unabhängig von ihrer Erfahrung als akademisch Schreibende, gern mit der Übernahme der Definition aus der Fachlektüre. Auf der Erklärungsebene wird diese Definition in ihre Bestandteile zerlegt und im Kontext der recherchierten Fachliteratur diskutiert, dies jedoch oft auch wieder angelehnt an die Diskussionsstrukturen aus der bereits bearbeiteten Fachlektüre. Dazu werden Beispiele aus der Fachliteratur gesucht, um die entworfene Erklärung zu illustrieren. Aufgrund der schwach ausgeprägten oder oft gänzlich fehlenden Bezüge zur eigenen Erfahrungswelt besteht die Gefahr, dass die verwendeten Erklärungen und Beispiele von den Schreibenden selbst nicht umfassend verstanden werden und deswegen im Text sprachlich „hölzern" bzw. „technokratisch" klingen. Mit anderen Worten: Der selbst formulierte Anteil der Textbausteine ist bei Strukturfolgenden eher gering und Zitate aus der Fachliteratur überwiegen. Eine deutliche Stärke dieses Schreibertyps besteht jedoch im effizienten und planvollen Vorgehen nicht nur bei der Arbeit am Glossar, sondern auch bei der Überführung der dort angelegten Textbausteine in die Textproduktion des angezielten Genres.

Die Formen, in denen das Glossar als Portfolio gestaltet werden kann, sind vielfältig. An dieser Stelle möchte ich nur zwei Versionen kurz skizzieren, die gut miteinander kombiniert werden könnten und außerdem jede andere Portfolio-Form sinnvoll ergänzen würden:

Ideen für Ihre Lehre

a) **sukzessive**: Im Verlaufe des Semesters werden Schlüsselbegriffe und -konzepte in einzelnen Ansichten (z.B. in der ePortfolio-Anwendung „Mahara“) erarbeitet, in Kleingruppen diskutiert und u.U. zu bestimmten Terminen („Meilensteine“ im Semesterplan) als ePortfolio-Markt präsentiert und kommentiert bzw. bewertet. Bei Bedarf können die Ansichten schwerpunktmäßig verändert werden, wenn z.B. die Entwicklung von Begriffen, Modellen oder Konzepten wissenschaftsgeschichtlich auf den Ebenen von Definition und Erklärung oder anhand von Fallstudien auf der Beispielebene dargestellt werden sollen.

b) **rückblickend**: Aus dem unter a) gewonnenen Material oder jeder anderen Seminar-Materialform können zum Semesterende Themen bzw. Forschungsfragen für Semesterabschlussarbeiten oder andere Prüfungsformen entwickelt werden. Für die Zulassung dieser Themen bzw. Forschungsfragen wird eine Portfolio-Ansicht präsentiert, die verdeutlicht, auf welchem Wege das jeweilige Thema bzw. die vorliegende Forschungsfrage zustande gekommen ist.

Beide Darstellungsformen sollten das eigentliche Glossar beinhalten bzw. auf das Glossar verweisen, wenn es außerhalb der ePortfolio-Anwendung (z.B. als Wiki auf einer Lernplattform oder in einer *cloud*) existiert. Dort kann es auch als Form des kooperativen Schreibens bzw. Lernens entstehen, indem Studierende, ihrem Schreibertyp entsprechend, arbeitsteilig entweder an den Begriffsdefinitionen, Erklärungen oder Beispielen arbeiten. Indem das Zustandekommen dieser Rubriken parallel in einem Gruppenforum von den Beteiligten ausgehandelt wird, findet intensives, reflektiertes Lernen statt, das nicht zuletzt durch diese Qualitäten nachhaltige Wirkung verspricht.

2.4 Die neue Dimension: *Social Video Learning*

Seit dem Erstarken der elektronischen Portfolioarbeit in Lehre und Studium spielt das Einbinden von Videos in die reflexive Praxis eine zunehmend bedeutungsvolle Rolle. Anstatt die Akteure und ihr Tun mittels Fließtext zu beschreiben, werden die Handlungsumstände in einem Video abgebildet. Es ist jedoch nicht damit getan, einfach eine Videokamera laufen zu lassen und das Video danach in eine ePortfolio-Ansicht einzubinden. Die bewusste Auswahl von relevanten Ausschnitten als Artefakte für das ePortfolio stellt eine erste Reflexionsdimension dar. Eine neue Dimension für reflexive Praxis wird möglich, wenn das ausgewählte Videomaterial in eine spezielle Online-Lernumgebung mit Video-Kommentierungsfunktion (z.B. edubreak®) eingepflegt und mit einer Beobachtungsaufgabe verbunden wird. Hier geht es um die situationsgenaue Kommentierung des dokumentierten Handelns in den vom Autor/der Autorin des ePortfolios bereitgestellten Videosequenzen. Vohle (2013, S. 166) nennt diesen Erstkommentar **Relevanz**: Der Kommentar wird vom Besitzer/der Besitzerin des Videos selbst angelegt, um z.B. das Vorhandensein einer persönlich bedeutsamen (Teil-)Kompetenz nachzuweisen oder auf eine konkrete Handlungsqualität hinzuweisen. Dieser erste Schritt in der Video-Kommentierung ist m. E. mit dem in Kapitel 2.1 vorgestellten Begriff der Primärreflexion vergleichbar.

Eine Sekundärreflexion (vgl. ebenfalls Kapitel 2.1) bzw. **Referenz**, wie Vohle (ebenda) es nennt, wird den BesucherInnen des ePortfolios, in das das Video eingebunden ist, durch das Werkzeug der situationsgenauen Kommentierung ermöglicht: Der Besucher bzw. die Besucherin kann die im Video vorhandenen schriftlichen und mit diversen Zeichenwerkzeugen angereicherten Videokommentare an Ort und Stelle (re-)kommentieren. Dadurch entsteht im ePortfolio ein interaktiver digitaler Lernraum für die kooperative Lösung eines im Video dargestellten Problems. Vohle/Reinmann (2014, S. 3) bezeichnen diese reflexiven und **kollaborativen** Potenziale auf der Basis situationsgenauer Videokommentierung als ***Social*** *Video Learning*.

Ideen für Ihre Lehre

Szenario 1: Produktorientiert

Anstatt die Referate Ihrer Studierenden während der Lehrveranstaltung halten zu lassen, können diese bis zu einem vorab vereinbarten Termin als Video im ePortfolio der Akteure für die anderen Teilnehmenden der Lernergemeinschaft freigeschaltet und dort selbst kommentiert werden (s.o. „Relevanz“). Bis zu einem weiteren vereinbarten Termin können auf der Basis vorab vereinbarter Kriterien schriftliche Peer-Kommentare im Video hinterlassen werden (s.o. „Referenz“), die u.U. als Grundlage für die abschließende Bewertung des Vortrags durch die Lehrperson hinzugezogen werden können.

Szenario 2: Prozessorientiert

Im Zusammenhang mit einer komplexen und u.U. längerfristigen Aufgabe beauftragen Sie die Studierenden, kurze Lernstandsberichte in Form eines Videos zu posten, in dem über den Fortgang der Arbeit berichtet wird und bei Bedarf Zwischenergebnisse präsentiert werden. Dazu werden im Video auf der Basis vorab vereinbarter Prozess-Kriterien Peer-Feedbacks gepostet.

Szenario 3: Handlungsorientiert

Sie beauftragen die Studierenden, einen ihrer Peers, dessen Einverständnis vorausgesetzt, in einer für Ihr Fach relevanten Handlung mit einer Videokamera zu beobachten. In einer ersten Refexionsrunde könnte die Handlung von den Peers gemeinsam mit dem Akteur oder der Akteurin im Video schriftlich kommentiert werden. Auf der Basis der von Ihnen vorgegebenen Orientierungsfragen könnten später u.U. weitere Kommentare von Peers und ExpertInnen ergänzt werden, um die jeweilige Handlung mit relevanter Theorie zu verknüpfen.

Das Videomaterial und die dazu verfassten Reflexionen und Kommentare in den drei o.g. Szenarien geben einen detaillierten Einblick in den Lernstand der Studierenden und könnten daher von Ihnen dazu genutzt werden, den weiteren Verlauf des Seminars, der Vorlesung, des Praktikums (etc.) zu steuern. Diese Ressourcen eignen sich aber genauso für die Studierenden als Orientierungspunkte für selbstgesteuertes Lernen und sie geben wertvolle Impulse für individuell bedeutsames Handeln innerhalb ihrer Praxisgemeinschaft. Diese Bereicherung der Lernkultur sollte nicht zuletzt Ihre Arbeit in der Lehre erleichtern und effizienter werden lassen.

2.5 Reflexive Praxis ins *Literacy Management* einbinden

Reflexions- bzw. (e-)Portfolioarbeit findet nicht im luftleeren Raum statt. Dieses Handeln ist eingebunden in die Gewohnheiten und Routinen der Studierenden im rezeptiven und/oder produktiven Umgang mit Informationen - dem *individuellen Literacy Management* (vgl. Bräuer/Schindler 2011: 292): Manche Menschen halten Momente ihres Tätigseins und Erlebens, Eindrücke und Empfindungen gerne fest, sei es (hand-)schriftlich oder als digitalen Schnappschuss. Andere Menschen brauchen für diese situative Form der Reflexion einen Impuls von außen, egal ob durch Peer-Interaktion in den sozialen Netzwerken oder als explizite Reflexionsaufgabe von der Lehrperson. Studierende sollten sich also gerade in Vorbereitung auf Portfolioarbeit mit ihrem individuellen Literacy Management auseinandersetzen, um ihre diesbezüglichen Stärken und Schwächen besser einschätzen und konkrete Schritte zur Optimierung ihres reflexiven Handelns unternehmen zu können (siehe Kap. 3.1).

Reflexions- und Portfolioarbeit ist jedoch auch institutionell verortet - im *institutionellen Literacy Management* (vgl. Bräuer 2013b: 77 f.) - in Form von impliziten oder expliziten Prozeduren und Vorgaben in Studien- und Prüfungsordnungen, in Aufgabentexten oder mündlichen Anweisungen und Vereinbarungen zwischen Lehrperson und Studierenden.

Als Lehrperson sollten Sie sich bei der Planung von Portfolioarbeit bewusst machen, welche Rolle Portfolios in Ihrer Institution insgesamt (z.B. Hochschule) spielen und wie sich diese Rolle in Ihrem unmittelbaren Lehrkontext (z.B. Institut, Abteilung) manifestiert: Es besteht ein großer Unterschied in der Akzeptanz bzw. Arbeitsbereitschaft seitens der Studierenden, ob Portfolios zur etablierten Lehr-Lernkultur einer Institution gehören oder eher nicht. Außerdem empfehle ich, sich über die eigenen Vorstellungen in Sachen Reflexion und Portfolio bewusst zu werden und zu überprüfen, welche Erwartungen Sie dieszebzüglich implizit haben bzw. welche Sie gegenüber Ihren Studierenden explizit äußern und in welcher Form Sie dies tun (siehe Kap. 3).

Ideen für Ihre Lehre

Zusammenfassend für Kapitel 2 möchte ich abschließend auf die folgenden schreibdidaktischen Prüffragen für die Gestaltung reflexiver Aufgaben in der Lehre hinweisen:

- Bezieht sich die Reflexionsaufgabe auf eine eindeutig identifizierbare Handlung (Aufgabe)?
- Knüpft die Reflexionsaufgabe (wenn möglich) explizit an eine bereits getätigte Reflexion an?
- Weist die Reflexionsaufgabe für die Akteure bzw. Nutzer einen konkreten Gebrauchswert auf? Trägt sie
  a) zur Durchführung des nächsten Arbeitsschritts im reflexiven Aufgabenarrangement bei (z.B. Tagebuch → Arbeitsjournal)?
  b) zur Erstellung des angezielten Endproduktes (z.B. Portfolio) bei?
- Ist die schriftliche reflexive Aufgabe am Schreibprozess orientiert? Erfüllt sie diesbezüglich die folgenden Minimalanforderungen?
  a) „Schreiben für sich selbst"
  b) (bei Bedarf) adressatenbezogene Textüberarbeitung
  c) (wenn b) eine Peer-Rückmeldung
- Gibt die Gestaltung der Aufgabenbearbeitung Freiraum für die Bedürfnisse und Stärken der unterschiedlichen Lerner- bzw. Schreibertypen und des individuellen Literacy Managements?
- Finden die Besonderheiten des Literacy Managements der jeweiligen Institution im Aufgabentext Berücksichtigung, hier v.a. bezüglich der Anfertigung des (elektronischen) Portfolios?

3 Grundszenarien für Portfolioarbeit in der Lehre

Ich nehme an, dass Sie als Leserin oder Leser dieses Buches daran interessiert sind, Portfolios – und in dem Zusammenhang auch andere Formen reflexiver Praxis wie Tagebuch und Arbeitsjournal – in Ihrer Lehre über kurz oder lang auszuprobieren. Sie haben aber bisher vielleicht selbst keinerlei Erfahrung im Erstellen dieser Textsorte(n) und stehen deswegen dem Sprung ins kalte Wasser mit einer gewissen Skepsis gegenüber.

Im dritten Kapitel werde ich die aufgabendidaktische Inszenierung von reflexiver Praxis aus Kapitel 2 in ein Konzept von Portfolioarbeit (Brunner/Häcker/Winter 2006) einbinden. Dafür werde ich auf der Grundlage einiger grundsätzlicher Aussagen zur Organisation von Portfolioarbeit (siehe Kap. 3.1) zwei Szenarien anbieten, die für Lehre und Studium fundamental sind: a) die Organisation von Lernprozessen anhand von sogenannten Lernportfolios (siehe Kap. 3.2) und b) die Organisation von Leistungsnachweisen anhand von sogenannten Präsentationsportfolios (siehe Kap. 3.3).

Dabei wird deutlich werden, wie die Prozess- und Produktdimensionen zwei Bestandteile jeglicher Portfolioarbeit sind und wie die jeweils primär angezielte Dimension methodisch-didaktisch in den Vordergrund gerückt werden kann (Kap. 3.4). Dieses Zusammenspiel wird anhand des elektronischen Portfolios (siehe Kap. 3.5) und einer speziellen Form langfristiger ePortfolio-Arbeit – des studienbegleitenden ePortfolios (siehe Kap. 3.6) – exemplifiziert. Im Zusammenhang mit der in Kapitel 3 vorgestellten hochschuldidaktischen Steuerung von Portfolioarbeit stelle ich abschließend das Lehrportfolio (siehe Kap. 3.7) als persönliche Lernchance für uns Lehrpersonen vor. Mit diesem speziellen Medium möchte ich Sie anregen, eigene Erfahrungen im Umgang mit Portfolios zu dokumentieren, zu analysieren und selbstkritisch zu bewerten, um letztlich den für moderne Lehre erforderlichen Brückenschlag zwischen Forschung, fachwissenschaftlicher Ausbildung und angestrebtem Berufsfeld hochschuldidaktisch zu profilieren.

3.1 Das Portfolio als Methode für reflexive Praxis

Häcker (2006) definiert den Begriff des Portfolios - er bezieht sich hier v.a. auf das papierbasierte Portfolio - auf der Grundlage von Paulson et al. (1991) wie folgt: „Ein Portfolio ist eine zielgerichtete Sammlung von Arbeiten, welche die individuellen Bemühungen, Fortschritte und Leistungen der/des Lernenden auf einem oder mehreren Gebieten zeigt. Die Sammlung muss die Beteiligung der/des Lernenden an der Auswahl der Inhalte, den Kriterien für die Auswahl, der Festlegung der Beurteilungskriterien sowie Hinweise auf die Selbstreflexion der/des Lernenden einschließen." (ebenda: 36)

Ich möchte den Begriff Portfolio noch etwas umfassender beleuchten, indem ich vier mögliche Wirkungsbereiche von Portfolioarbeit vorstelle: a) Lernprozesse entfalten, b) Lernergemeinschaften profilieren, c) verschiedene Lernertypen unterstützen und d) Reflexionskompetenz differenzieren.

a) Lernprozesse entfalten

Das Portfolio ist ein Genre, das durch Texte und andere Darstellungsformen haptischer, visueller oder akustischer Art - mehr als jede andere Darstellungsform in der Ausbildung - individuelle Lernprozesse nicht nur sichtbar werden lässt, sondern diese anregt und Möglichkeiten zur Lernprozesssteuerung bietet: Im Portfolio spiegelt sich also die individuelle Praxis im Allgemeinen und die Entwicklung fachspezifischer Kompetenzen im Besonderen. Das Portfolio kann somit als Teil einer persönlichen Lernumgebung bzw. als Mittel für die aktive (Mit-) Gestaltung dieser Lernumgebung verstanden und genutzt werden. Mit persönlicher Lernumgebung (PLU) ist hier folgendes gemeint: Die PLU ist ein dynamisches Handlungssystem, welches sich aus der Summe der Einflussgrößen im individuellen Umgang mit Informationen ergibt. Diese Einflüsse der sozialen (Direktkontakt mit anderen Menschen), physischen (Schreibtisch, Bücherregal etc.) und digitalen (z.B. Internet) Welt sind grundsätzlich existent und können förderlich, aber auch störend sein für das Erreichen konkreter Erkenntnisziele (vgl. Bräuer/Schindler 2011).

Da die Lernforschung davon ausgeht, dass der Anteil des informellen Lernens bei der Generierung von Wissen am größten ist, ergibt sich die Notwendigkeit der bewussten, reflektierten Gestaltung und Steuerung der PLU über den Rahmen der institutionalisierten Bildung hinaus. Im eLearning wird die individuelle Zusammenstellung von (Social-)Software oder Web-Services, die das zumeist informelle Lernen mit dem Computer unterstützen, als PLU verstanden.

Wenn Hochschule und Universität diese individuelle (Mit-) Gestaltung der PLU über das Portfolio nicht nur zulassen, sondern auch gezielt fördern, dann kann dies die Lehr- und Lernkultur der gesamten Institution positiv beeinflussen, v.a. indem authentische, nachhaltig wirkende Bildung durch einen individuell erlebbaren Gebrauchswert des Gelernten gefördert wird.

b) Lernergemeinschaften profilieren

Das Portfolio ist aber auch eine besonders wirksame Textsorte für die Initiierung und Steuerung bzw. Widerspiegelung von Lernprozessen in kleineren und größeren Lernergemeinschaften. Durch Notizen, Nachrichten und andere alltagssprachliche Darstellungen (z.B. im digitalen Forum oder sozialen Netzwerk), Peer-Feedback oder durch Textbeispiele aus der Praxis der Mitlernenden wird die Interaktion der Beteiligten in einer Lerner- oder gar Praxisgemeinschaft gefördert und gleichzeitig transparent. Wenn Hochschule und Universität Interaktion als Wert an sich erkennen und öffentlich wertschätzen, dann kann dies ebenfalls die Lehr- und Lernkultur der Institution als Ganzes optimieren, indem Studierende sich stärker mit den Lernergemeinschaften identifizieren, an denen sie aktiv teilnehmen.

c) Verschiedene Lernertypen unterstützen

Portfolioarbeit modelliert auf eindrückliche Weise das natürliche Lernhandeln einer Person, das potenziell in jedem Akt des Schreibens, hier verstanden als eine der zentralen Kompetenzen in der Portfolioarbeit, angelegt ist:

- In der privaten Notiz, im Tagebucheintrag oder im Textentwurf halten die Schreibenden ihr Selbstverständnis in der Auseinandersetzung mit einem Lerngegenstand fest. Indem die Studierenden sich von der Grundstruktur des Portfolios bzw. seinen Mitteln, Methoden und Aufgaben leiten lassen, werden sie bei der sukzessiven Erarbeitung neuer Erkenntnisse angeregt und begleitet.

- Im Überarbeiten, Weiterdenken oder Revidieren von Textentwürfen, beim Kommentieren fremder Texte oder beim Paraphrasieren oder Zusammenfassen von Informationen gestalten und formen Schreibende Erkenntnisse sprachlich, sodass diese letztlich als Wissen für andere Leser zugänglich bzw. nachvollziehbar werden und damit ein wirkungsvoller Beitrag für die jeweilige Lernergemeinschaft geleistet wird.
- Indem didaktisch gezielt gestaltete Portfolioarbeit in allen Phasen der Textproduktion Handlungsalternativen (z.B. für unterschiedliche Lern- bzw. Schreibtypen) und Handlungsfreiraum für eigenverantwortliche Entscheidungen bietet, wird das Portfolio von seinem Besitzer bzw. seiner Besitzerin im Detail aktiv gestaltet und damit individuell angeeignet.

Wenn dieses prozessorientierte Schreiben im Portfolio als notwendige Form der Erkenntnisgewinnung in allen Ausbildungsfächern der Institution erkannt und durch entsprechende Maßnahmen auf curricularer Ebene umgesetzt wird, dann hilft das, eine an den Bedürfnissen der Studierenden orientierte Lernkultur zu etablieren.

d) Reflexionskompetenz differenzieren

Portfolioarbeit kann reflexive Praxis auf verschiedenen Ebenen befördern (siehe Abb. 2 in Kap. 1.2): auf den Ebenen des Dokumentierens, Analysierens, Evaluierens und Planens des eigenen Handelns. Diese Ebenen, die gleichzeitig als Teilaspekte der Reflexionskompetenz verstanden werden können, müssen vor allem hinsichtlich der sprachlichen Umsetzung gezielt angeleitet und begleitet werden. Auf diese Weise wird nicht nur Portfolioarbeit qualifiziert, es werden grundlegende Fähigkeiten für eigenverantwortliches Lernen gestärkt, was sich wiederum förderlich auf die Lernkultur der gesamten Einrichtung auswirkt, vorausgesetzt, die Fähigkeit zu rhetorischer Angemessenheit in der reflexiven Praxis wird von der Institution explizit gefordert, gefördert und letztlich auch wertgeschätzt.

Im Zusammenhang mit den oben genannten Wirkungsbereichen von Portfolioarbeit ist mir bei meiner bisherigen Kooperation

tion mit Hochschulen und Universitäten in den USA und Kanada, aber besonders in den deutschsprachigen Ländern klar geworden, dass ihre praktische Umsetzung eine bestimmte Lehr- und Lernkultur fördert. Andererseits benötigt gelingende Portfolioarbeit diese Lehr- und Lernkultur bereits in gewisser Weise als Voraussetzung, damit das Wirkungspotenzial der oben genannten Aspekte zur Entfaltung gebracht werden kann. Gelingt diese Entfaltung aufgrund einer hemmenden Lehr- und Lernkultur nicht oder nur bedingt, so wird Portfolioarbeit als Störfaktor in einem u.U. routiniert ablaufenden Betrieb wahrgenommen und dann nicht selten längerfristig abgelehnt.

Dieses Wechselspiel von benötigter und sich verändernder Lehr- und Lernkultur sehe ich durch die folgenden Bedingungen charakterisiert. Ich knüpfe damit direkt an die Schritte an, die ich am Schluss von Kapitel 1.4 zur Organisation von (e)Portfolioarbeit in der individuellen Lehre vorgeschlagen habe:

a) Das Portfolio **als Lernmedium** erfordert eine an den Bedürfnissen der Studierenden orientierte Lehre, welche durch die im Portfolio gespiegelten Lernerbedürfnisse immer wieder neue Impulse erhält und diese Bedürfnisse der Lernenden direkt zum Gegenstand von Lehren und Lernen macht.
b) Das Portfolio **als Anlass des Aushandelns von Erkenntnissen** mit Peers und anderen Menschen schafft Lerner- bzw. Praxisgemeinschaften (vgl. Bruffee 1984), die ihre eigenen Prozeduren für das gemeinsame Lernen entwickeln und Maßstäbe für den Wert des Lernens bzw. des Gelernten definieren.
c) Das Portfolio **als Möglichkeit, für real existierende Leserinnen und Leser zu schreiben**, braucht die direkte und/ oder digitale Begegnung mit diesen Menschen. Die Ergebnisse der Schreib- und Lesearbeit im Portfolio sollten als weiterführende, authentische Lern-, Lese- und Schreibimpulse aufgegriffen und genutzt werden.
d) Portfolioarbeit **als organisierte reflexive Praxis** setzt die Anerkennung von reflexiver Praxis als Grundlage für nachhaltiges Lernen voraus. Portfolioarbeit schafft gleichzeitig die Basis für diese Anerkennung, indem sie den Gebrauchswert von Reflexion für die Qualifizierung der eigenen Praxis immer wieder konkret erlebbar werden lässt.

Die oben genannte Auflistung ist nicht als Algorithmus oder als Prioritätenliste für die Entwicklung von Portfolioarbeit zu verstehen. Grundlegend dafür, dass das Portfolio in der Hochschulbildung wirklich ankommt, scheint mir zu sein, dass das Potenzial reflexiver Praxis für das Lehren und Lernen erkannt wird und Eingang findet in die alltägliche Lehre bzw. das alltägliche Studium. Ihre umfassende Einführung in den *mainstream* von Hochschulbildung wird nicht zuletzt davon abhängen, inwieweit sich Hochschule und Universität als *lernende Institutionen* (vgl. Senge 1990) verstehen, die reflexive Praxis für diese Rolle für unersetzlich halten.

Angelehnt an Bräuer/Keller (2013) schlage ich die folgenden Kontrollfragen zur Erfassung des institutionellen Ist-Standes in der Entwicklung reflexiver Praxis in Lehre und Studium an Ihrer Hochschule bzw. Universität vor.

Ideen für Ihre Lehre

1. **Wie unterstützt die Hochschule bzw. die Universität die Einführung von Portfolios?** Im Detail sollten Sie an Ihrer Einrichtung danach schauen, welche konkreten Maßnahmen und Dokumente zur Initiierung, Umsetzung und Wertschätzung von Portfolioarbeit existieren. Ein wichtiges Indiz für eine derartige Unterstützung ist die Nennung des Begriffs „Portfolio“ in der zentralen Studienordnung und den Prüfungsordnungen der einzelnen Ausbildungsfächer bzw. Studiengänge. Diesbezüglich sollten Sie die Frage stellen, inwieweit das Portfolio als (alternative) Form der Leistungsbewertung anerkannt wird.
2. **Wie wird die Reflexionskompetenz der Studierenden entwickelt und reflexive Praxis begleitet?** Informieren Sie sich bei Studierendenorganisationen, beim Zentrum für akademische Schlüsselkompetenzen, dem Schreibzentrum, dem Lernzentrum, dem Zentrum für Hochschuldidaktik o.ä. zentralen Einrichtungen sowie bei Kollegen und Kolleginnen mit Erfahrung in Portfolioarbeit. Fragen Sie nach Einführungsveranstaltungen, Anleitungsmaterial, Beratungsangeboten, aber auch nach Aufgabenbeschreibungen und Evaluationskriterien für die Portfolioarbeit. Erkunden Sie, wie die studentische Reflexionsqualität von Studierenden und Lehrenden eingeschätzt wird und welcher konkrete Betreuungsbedarf aktuell besteht.

3. **Welche Anregungen und Impulse** (*prompts*) a) linguistischer, b) prozeduraler und c) institutioneller Art **brauchen Studierende, um in der Portfolioarbeit eigenverantwortlich aktiv zu werden?** Suchen Sie das Gespräch darüber mit Kollegen und Kolleginnen, die bereits Portfolios ausprobiert haben. Schlagen Sie diese Frage im Zentrum für Hochschuldidaktik Ihrer Einrichtung als Gegenstand für einen hochschuldidaktischen Gesprächskreis vor. Sammeln Sie, wenn möglich, Aufgabenbeschreibungen aus verschiedenen Ausbildungsbereichen und mit unterschiedlichen Zielstellungen. Befragen Sie Studierende, welche der unter 1) und 2) genannten Ressourcen sie für ihre eigene reflexive Praxis als nützlich erlebt haben bzw. was am bestehenden Angebot geändert oder ergänzt werden müsste.

Für die Einführung von Portfolioarbeit **auf der Ebene individueller Lehre** empfehlen Moya/O'Malley (1994) sechs aufeinander bezogene Bereiche. Auf der Basis der drei oben angeführten Kontrollfragen zur Erfassung des institutionellen Ist-Standes in der Entwicklung reflexiver Praxis in Lehre und Studium sollte die folgende Liste von Maßnahmen in Vorbereitung auf die Einbindung von Portfolioarbeit in Ihre Lehre bedacht werden.

Ideen für Ihre Lehre

1. **Portfolio-Typ festlegen**

- Ihr Bedarf: Welches konkrete fachliche Ausbildungsziel soll mit dem Portfolio unterstützt werden?
- Der studentische Bedarf: Welche Erfahrungen mit reflexiver Praxis existieren bereits?
- Der institutionelle Bedarf: Wird das Portfolio als alternative Form der Leistungsbewertung in der Studien- bzw. Prüfungsordnung genannt?
- Fokus des Portfolios: Wollen Sie schwerpunktmäßig sachlich-thematisch, kompetenzorientiert oder offen (selbst bestimmbar durch die Studierenden) arbeiten?
- Portfolio-Typ: Zielen Sie ein Lernportfolio oder ein Präsentationsportfolio an?

2. **Inhalt der Portfolioarbeit planen**

- Welche Pflicht-Einlagen erwarten Sie im Portfolio?

- Welche individuellen Erweiterungs- und Gestaltungsmöglichkeiten für das Portfolio wollen Sie schaffen?

3. Das Design des Portfolios und die damit zusammenhängenden Aufgaben festlegen

- Welche Form sehen Sie für das Portfolio vor: elektronisch oder papierbasiert?
- Welche allgemeinen Aufgaben und Festlegungen wollen Sie als Teil des Veranstaltungsplans formulieren?
- Welche variablen Aufgaben und Vereinbarungen werden Sie wann und wie gemeinsam mit den Studierenden im Verlauf des Semesters bedarfsorientiert aushandeln?

4. Portfolioarbeit in die Vorbereitung und Durchführung der Lehre integrieren

- In welchen Sitzungen wird das Portfolio direkter Gegenstand der Kommunikation (z.B. Portfolio-Workshop, Präsentation des Zwischenstandes, Peer-Feedback, Abschluss-Präsentation)?
- Wann und wie haben Sie Zugriff auf die Portfolios (z.B. Freischalten von elektronischen Ansichten oder Einreichung von Auszügen als Fotokopien)?
- Wie werden Sie Ihr eigenes Lehrportfolio gestalten?

5. Evaluationskriterien entwickeln

- Für die Benotung bzw. verbale Einschätzung: In welcher Form werden diese Kriterien mit den Studierenden kommuniziert bzw. weiter ausgehandelt?
- Für die Einschätzung der Effizienz der Portfolioarbeit: Welche konkreten Konsequenzen streben Sie aus der Einschätzung zur Effizienz der Portfolioarbeit in Ihrer Lehre an?

6. Die geplante Portfolioarbeit in die Hochschulpraxis implementieren

- Wie können Sie Ihre eigenen Erfahrungen dem hochschuldidaktischen Diskurs zur Verfügung stellen (z.B. durch Ihr Lehrportfolio)?
- Welche Veränderungen in der bisherigen Portfolio-Praxis werden an Ihrer Einrichtung angestrebt (z.B. von einer fakultativen Form des Studiums zu einem obligatorischen Bestandteil der Leistungserfassung und damit der Prüfungsordnung)?
- Welche Ideen, Konzepte und Materialien, die sich bereits an der Hochschule/Universität bewährt haben, könnten durch Sie weitergeführt bzw. adaptiert werden?

3.2 Die Prozess-Dimension: Das Lernportfolio

Die schreibdidaktisch motivierte Portfolioarbeit in den USA, die seit Belanoff/Dickson (1991) vor allem in den Bereichen Curriculumsentwicklung und Schreibzentrumsarbeit immer wieder neue Ideen für die Begleitung von Studierenden hervorbringt, geht von einer zentralen Erkenntnis der kognitiven Schreibforschung aus: Diese besagt, dass Schreiben ein Prozess ist, mit dem Lernprozesse ausgelöst werden, die auf den nachfolgend aufgelisteten Ebenen ablaufen:

- Erweiterung des mentalen Arbeitsspeichers
- Strategien- und Routinebildung
- individuelle Aneignung von Fachwissen
- Stärkung intrinsischer Lernmotivation

Vertreter der Schreibdidaktik (u.a. Elbow 1991)sehen das Portfolio (einschließlich der dort verankerten anderen Medien reflexiver Praxis) als Verknüpfungsmethode zwischen verschiedenen Lern- und Schreibphasen sowie Lernorten und Lernzeiten. Hascher (2007: 295) sieht m.E. völlig zu Recht Lerntagebuch und Portfolioarbeit als eine „Ermöglichung echter Lernzeit". Durch das Aufschreiben im Tagebuch bzw. Blog werden Spuren der durchlaufenen Phasen, Orte und Prozesse gesichert, einschließlich der im Arbeitsjournal bzw. Wiki/Forum/Blog gewonnenen, aber auch der wieder zerronnenen Vorstellungen und Einsichten.

Aus dieser vorwiegend schreibdidaktisch motivierten Vorstellung ging u. a. das Konzept des Lernportfolios hervor, das sich in der angelsächsischen Bildungslandschaft Anfang der 1980er Jahre als hochschuldidaktische Methode etablierte (vgl. Elbow 1991). Zwanzig Jahre später, mit der Einführung von elektronischen Portfolios (siehe Kap. 3.4) erfahren schreibdidaktisch motivierte Überlegungen zur Portfolioarbeit eine Adaption im Bereich der digitalen Medien und erfreuen sich wachsenden Zuspruchs (vgl. u.a. Zubizarreta 2009, Bräuer 2009b, Cambridge 2010, Fink 2010, Miller/Volk 2013).

Barrett (2009) hat eine sehr nützliche grafische Gegenüberstellung von Prozess- (Lern-) und Produkt- (Präsentations-) Portfolios geliefert, die ich im Folgenden auch mit Blick auf Kapitel 3.3 ausführlicher kommentieren möchte.

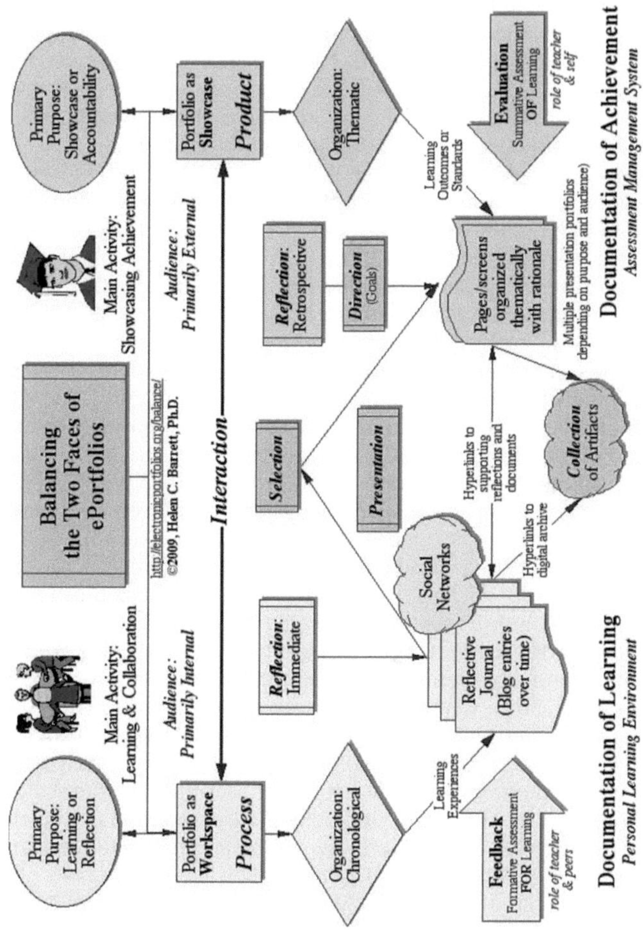

Abb. 10: Die zwei Seiten des ePortfolios ins Gleichgewicht bringen

Der Titel von Abb. 10 verweist auf den Kern von Barretts Grundverständnis zur ePortfolioarbeit, das aber auch von vielen Kollegen und Kolleginnen aus der papierbasierten Portfolioarbeit geteilt wird: Ganz gleich, mit welchem hochschuldidaktischen Ziel ein Portfolio erstellt werden soll, aufgrund des komplexen Charakters dieses Genres und der damit verbundenen reflexiven Praxis (siehe dazu Kap. 1.2 und 1.3) führt nur ein intensiver Arbeitsprozess (siehe Abb. 9, Kap. 2.2), der oft verschiedene Medien und Modalitäten einbezieht, zu einem zufriedenstellenden Produkt im Sinne von nachhaltig wirkender Bildung.

Im Gegensatz dazu stehen Portfolios, mit denen lediglich formale Anforderungen im Studium abgearbeitet werden. Die Entstehung solcher Produkte wird u.a. dann provoziert, wenn Portfolioarbeit ohne echte Prozessorientierung geplant und durchgeführt wird. Ich erinnere an einige Beispiele dieser Art, die ich bereits an anderen Stellen in diesem Buch erwähnt habe: Wer Portfolio-Aufgaben zum Semesterbeginn einfach nur ausgibt und deren Bearbeitung im Semesterverlauf nicht entsprechend betreut, sollte nicht überrascht sein von Portfolios, die wenig über die Studierenden und ihr Lernen verraten, sondern nur das dokumentieren, wozu die Lehrperson angeleitet hat.

Vor allem die technischen Möglichkeiten des digitalen Portfolios machen es möglich, den eigentlich komplexen und langwierigen Entstehungsprozess authentischer Reflexion im Spannungsfeld von Primär- und Sekundärreflexionen, der v.a. für das Lernportfolio so wichtig ist, durch „Ausschneiden/Einfügen" dramatisch abzukürzen und damit gleichzeitig das Lernpotenzial von Portfolioarbeit auf ein absolutes Minimum (z.B. den letzten Abend vor dem Abgabetermin) zu reduzieren. Langer Rede kurzer Sinn: Ohne echte Prozessinvolvierung durch Studierende *und* Lehrende gibt es keine aussagekräftigen, authentischen Lern- bzw. Präsentationsportfolios. Ohne die Antizipation eines von den potenziellen Lesern und Leserinnen verstehbaren Produkts entsteht kein zielgerichteter Arbeitsprozess, u.U. nicht einmal genügend Motivation, um einen langfristigen und anstrengenden Arbeitsprozess durchzustehen.

Mit Blick auf die Abb. 10 geht es Barrett um die sinnvolle Verzahnung von Prozess und Produkt, welche jedoch unbedingt verbunden sein sollte mit einer konkreten Schwerpunktsetzung (Barrett sagt „primary intention"): Prozess *oder* Produkt – wobei die von Barrett gewählten Intentionen für das Lernportfolio auf der linken Seite der Abbildung und für das Präsentationsportfolio auf der rechten Seite irreführend sein kann: Nicht nur das Produkt reflexiver Praxis (das Präsentationsportfolio) ist bewertbar, sondern auch der Prozess der Reflexion, mit dem Arbeits- und Lernprozesse vorgestellt werden. Es braucht hierfür nur die entsprechenden prozess- (formativen) oder produktorientierten (summativen) Bewertungskriterien.

Ebenso wenig meint Barrett mit ihrer grafischen Darstellung, nur mit dem Prozessportfolio würde gelernt und reflektiert werden. Das passiert natürlich genauso im Produkt-Portfolio, nur mit dem Unterschied, dass die explizite Darstellung von Lernprozessen in diesem Format in den Hintergrund tritt (siehe dazu auch dies. 2011): Anstatt einer ausführlichen Zitierung und Kommentierung des eigenen Blogs (Barrett verweist auf die chronologisch angelegte Organisation des Lernportfolios), findet sich eine intensive Vorstellung der Arbeitsergebnisse, z.B. die besten Fotos von einer Kunststudentin zum Thema „Stadtansichten". Dieselbe Person würde bei einem Lernportfolio vielleicht ebenfalls ein oder zwei dieser „Stadtansichten" als *best practice* einfügen, aber eben auch Entwürfe oder Varianten dieser Fotos, anhand derer sie nicht nur ihre Stärken im Umgang mit schwarz-weißen Stadtaufnahmen zeigt und kommentiert, sondern auch ihre aktuell noch vorhandenen Schwächen. In diesem Lernportfolio würde sich nicht zuletzt ein Ausblick dazu finden, welche Schritte die Studentin kurz- oder langfristig plant, um mit den vorgestellten Schwächen stärkenorientiert umzugehen.

Zusammenfassend hier noch einmal die speziellen Merkmale des Lernportfolios im Sinne eines Prozess-Portfolios (die Merkmale für das Präsentationsportfolio im Sinne eines Produkt-Portfolios folgen in Kap. 3.3):

- **Hauptzweck:** Abbildung der durch reflexive Praxis ausgelösten Lernprozesse (prozessorientiert)
- **Organisationsstruktur und Darstellung:** chronologisch
- **Hauptsächliche Reflexionsform:** Primärreflexion (im Prozess der Handlung oder unmittelbar im Anschluss)
- **Adressaten:** halböffentlicher Diskurs (Lernergemeinschaft)
- **Bewertungsformat:** formativ, auf der Basis von Kriterien, die mit der Lernergemeinschaft ausgehandelt wurden

Hinsichtlich hochschuldidaktischer Grundszenarien für die Portfolioarbeit haben sich Lernportfolios sowohl in einzelnen Lehrveranstaltungen bewährt als auch in Ausbildungsmodulen oder in kompletten Studiengängen. Dabei muss die eine Form die andere nicht ausschließen, im Gegenteil, es hat sich als gewinnbringend erwiesen, Lernportfolios aus einer Lehrveranstaltung in einer anderen wieder aufzugreifen und somit innerhalb eines Ausbildungsmoduls weiterzuführen. Am Ende des Moduls könnte auf der Basis des Lernportfolios ein Präsentationsportfolio (siehe Kap. 3.3) entstehen, das dann als Prüfungsleistung bewertet wird.

Mit Blick auf die Freiburger Erfahrungen scheint es so zu sein, dass Lernportfolios, die über mehrere Semester und in verschiedenen Lehrveranstaltungen geführt werden, den Studierenden bei der Profilierung von bestimmten Kompetenzen effektiver und nachhaltiger helfen können, als das mit Semester-Portfolios der Fall ist. Bei längerfristig genutzten Portfolios werden Handlungstendenzen deutlich, Stärken-Schwächen-Profile sichtbar und der jeweilige individuelle Förderbedarf kann genauer erfasst werden. Dies trifft in besonderem Maße auf die studienbegleitenden Portfolios zu – Portfolios, die die Entwicklung einer lernenden Person vom Übergang der Schule über den gesamten Studienverlauf hinweg bis hin zum Eintritt in das angezielte Berufsfeld zu verfolgen helfen.

An der Pädagogischen Hochschule Freiburg ist für den BA-Studiengang Deutsch als Fremd- und Zweitsprache das Konzept eines solchen studienbegleitenden Portfolios entwickelt und erprobt worden. Dort bildet das Zusammenspiel von Primär- und Sekundärreflexion (siehe Kap. 2.1) den Dreh- und Angelpunkt der reflexiven Praxis. Ich zitiere unten aus der Aufgabenbeschreibung.

Ein Blick in die Praxis

„Für das studienbegleitende Portfolio verfassen Sie jedes Semester eine dreiseitige Reflexion zum Verlauf und den Ergebnissen des eigenen Studiums bzw. zu Ihren Berufsvorstellungen. Diese schriftliche Reflexion soll im Verlauf des Studiums auf folgende Aspekte eingehen:

1. Semester: Profilierung der persönlichen Studienplanung und Lernumgebung;
2. Semester: Veränderung des eigenen Kulturbegriffs;
3. Semester: Veränderung des eigenen Sprachbegriffs;
4. Semester: Verarbeitung kultureller Fremderfahrungen im fachlichen Bezugsrahmen;

5. Semester: Veränderung des eigenen Verständnisses von sprachlichem Lernen;
6. Semester: Bezüge zwischen Studieninhalten und Praxiserfahrungen im angezielten Berufsfeld;
7. Semester: Bilanzierung des eigenen Studiums und Planung des Übergangs in das Berufsfeld." (vgl. Homepage BA DaF/DaZ, PH Freiburg)

Für eine optimale Planung der Aufgabenbearbeitung schlage ich den unten aufgeführten allgemeinen Anleitungstext vor. Er lässt sich auch auf andere reflexive Aufgaben übertragen, die den Ansatz der Primär- und Sekundärreflexion nutzen. Natürlich sollte dieser Text mit Blick auf den jeweiligen Lehrgegenstand explizit angepasst werden.

Ideen für Ihre Lehre

„Sammeln Sie zum (ausgewiesenen) Semesterschwerpunkt spontane Ersteindrücke (sogenannte Primärreflexion), indem Sie im persönlichen Blog Ihre unmittelbaren Eindrücke schriftlich festhalten und/oder Fotos, Audio- bzw. Video-Aufnahmen hochladen. Setzen Sie sich nach 1-2 Wochen noch einmal mit den festgehaltenen Ersteindrücken auseinander, indem Sie diese auf den verschiedenen Ebenen der Reflexion näher beleuchten bzw. die bereits in der Erstreflexion vorhandenen Informationen ergänzen. Dazu beachten Sie bitte die folgenden Orientierungsfragen:

1. Was ist wem, wann, wo und unter welchen Umständen passiert?
2. Was hat das Erlebnis mit Ihnen und Ihrer bisherigen Erfahrung zu tun? Wie hat sich Ihre Wahrnehmung dadurch verändert?
3. Wie wird das Erlebte Ihr Handeln in Zukunft verändern?

Bevor Sie die Semester-Ansicht Ihres studienbegleitenden ePortfolios freischalten, überarbeiten Sie Ihre Aufzeichnungen ein letztes Mal. Holen Sie sich dafür unbedingt Feedback von der studentischen Schreibberatung zum Schwerpunkt Textkohärenz (inhaltlicher Zusammenhang) und, bei Bedarf, Peer-Feedback zur sprachlich-formalen Richtigkeit Ihrer textuellen Darstellung." (vgl. Freiburger Schreibzentrum 2011)

Über die fachspezifische Reflexion hinaus eignet sich das studienbegleitende Portfolio ebenso zur Reflexion der Studierfähigkeit:

a) systematisch die bisher gemachten Lernerfahrungen dokumentieren
b) das eigene, aktuelle Lernhandeln (einschließlich Lernumgebung) beschreiben und evaluieren
c) darüber nachdenken, wie das eigene Studium in Zukunft weiter gestaltet bzw. das persönliche Lernhandeln und die eigene Lernumgebung optimiert werden könnten

Zu den genannten Bereichen schlage ich die folgenden Orientierungsfragen für die Studierenden vor. *Wer* diese Fragen *wie* und *wo* an die Studierenden vermittelt, hängt vom Stand der Implementierung von Portfolios im jeweiligen Lehrbereich ab: Betrifft die Portfolioarbeit nur Ihre eigenen Lehrveranstaltungen, dann können Sie die Fragen u.U. in die Seminarbeschreibung aufnehmen und im Semesterplan vermerken, wann Sie auf welche Fragen in welcher Form (z.B. im Seminargespräch, bei individuellen Lernstandsgesprächen oder in einem speziellen Online-Forum) eingehen werden.

Ideen für Ihre Lehre

a) Meine bisherigen Lernerfahrungen dokumentieren

- Worin bestanden in den letzten Schuljahren bzw. zum Studienbeginn meine Stärken und Schwächen?
- Welche konkreten Erinnerungen (Ereignisse) fallen mir zu meinen Stärken und Schwächen ein?
- Wie bin ich damals mit diesen Stärken und Schwächen umgegangen? Habe ich mich über Stärken gefreut bzw. über Schwächen geärgert?
- Mit wem habe ich über Stärken oder Schwächen gesprochen? Wer hat mich unterstützt?
- Welche Konsequenzen hatten meine Stärken und Schwächen für meinen Gesamterfolg in der Schule bzw. den Übergang zum Studium? Habe ich damals etwas geändert an meinem Lernhandeln bzw. meine Stärken gezielt eingesetzt oder an meinen Schwächen gezielt gearbeitet?
- Welche Vorstellungen hatte ich am Ende meiner Schulzeit von den Anforderungen des Studiums? Inwiefern haben diese Vorstellungen die Ausrichtung meines Lernhandelns am Ende der Schulzeit beeinflusst?

b) Mein aktuelles Lernhandeln beschreiben und evaluieren

- Worin besteht momentan meine individuelle Lernumgebung? Wo halte ich mich meistens auf, wenn ich lerne? Was mache ich dort? Wie geht es mir dabei?
- Gibt es für mich mehrere Lernorte, die ich regelmäßig nutze? Wenn ja: Welche Unterschiede nehme ich an diesen unterschiedlichen Lernorten im Bezug auf mein Wohlbefinden wahr? Welchen Lernort würde ich als primär bzw. sekundär bezeichnen?
- Mein Lernhandeln am primären Lernort: Was mache ich konkret, wenn ich 1-2 Stunden lang Aufgaben erledige?
- Welche Handlungen (z.B. Lesen, Schreiben, Recherchieren, Informieren) dominieren mein Lernhandeln? Wie geht es mir dabei?
- Was sind meine konkreten Kriterien für erfolgreiches Lernhandeln? Mit anderen Worten: Wann bin ich zufrieden mit meiner Arbeit?
- Mit welchen Ritualen (Kaffeetrinken, Schokolade essen, Rauchen, Musik hören etc.) unterstütze bzw. begleite ich mein Lernhandeln? Wie fühle ich mich dabei? Warum brauche ich diese Rituale?

c) Mein Lernhandeln optimieren

- Mit Blick auf mein aktuelles Lernhandeln: Was sollte ich ändern? *Sollen* bedeutet hier: Mir wurde schon oft gesagt, dass ich nicht effizient genug lerne und dass ich deswegen bestimmte Dinge ändern sollte. Ich kann diese Forderung theoretisch durchaus nachvollziehen, aber praktisch bin ich noch nicht so weit, Konsequenzen zu ziehen.
- Was könnte ich ändern? *Können* bedeutet hier: Ich weiß, dass ich noch nicht effizient arbeite, aber ich spüre momentan keinen aktuellen Veränderungsdruck.
- Was will ich ändern? *Wollen* bedeutet hier: Ich merke selbst, dass ich nicht effizient arbeite und ich leide darunter. Ich möchte diesen Zustand endlich ändern.
- Mit Blick auf die zuletzt genannte Frage: Was an meinem Lernhandeln bzw. in meiner Lernumgebung wäre kurzfristig änderbar? Was eher mittel- oder langfristig? Wofür brauche ich welche bzw. wessen Hilfe?

An den Ausführungen zum studienbegleitenden Portfolio wird der Versuch deutlich, reflexive Praxis als Brückenschlag zwischen Schule, Hochschule und Berufsfeld anzulegen und dadurch den in der Fachliteratur (u.a. Beaufort 1999, 2007) immer wieder bemängelten Kompetenztransfer zwischen diesen drei Aus- und Weiterbildungsfeldern zu optimieren, indem in multimodaler Darstellungsform Anknüpfungspunkte zwischen

Erinnerungen und Erkenntnissen zu absolviertem Handeln, aktuellem Handeln und antizipiertem Handeln geschaffen werden. Dabei sollte mit dem portfoliobasierten Brückenschlagen so früh wie möglich in der Bildungsbiografie begonnen werden, sodass Portfolios entstehen, die die Lernenden im wahrsten Sinne des Wortes *lifelong* (lebenslang) und *lifewide* (in allen möglichen Bereichen formaler, informeller und non-formeller Bildung) befördern.

An der PH Freiburg haben wir mit dem frühen Beginn von Portfolioarbeit erste Erfahrungen gesammelt und zwar durch den Start des studienbegleitenden Portfolios während eines sogenannten Schnupperstudiums. Dies ist eine Intensiv-Woche für Schülerinnen und Schüler in der Klassenstufe 11, die in den Herbstferien an ausgewählten Lehrveranstaltungen an der Hochschule teilnehmen und sich über die dabei gesammelten Eindrücke austauschen bzw. diese in ihren Portfolios festhalten. Ich habe den im Folgenden in Auszügen zitierten Einführungstext für die Portfolioarbeit der Schüler und Schülerinnen entworfen und dabei besonders darauf geachtet, dass eine multimodale Wahrnehmung der neuen Umgebung angeregt wird und diese Wahrnehmung im Portfolio auch angemessen multimodal gestaltet wird.

Ein Blick in die Praxis

„Liebe Schnupper-Studierende,

Sie werden die kommenden Tage an der Pädagogischen Hochschule Freiburg verbringen, um zu schauen, wie sich ein Studium so anfühlt oder aber auch, um sich mit der Frage zu beschäftigen, ob Sie hier vielleicht einmal studieren möchten. Solche Entscheidungen für Ihr weiteres Leben sind nicht einfach zu treffen und deswegen möchten wir Sie mit einer kleinen Hilfestellung vertraut machen, dem elektronischen Portfolio, auch ePortfolio genannt.

Nun fragen Sie sich zu Recht, warum Sie für die paar Tage an der PH ein ePortfolio anlegen sollen, wenn Sie eigentlich mit ein paar Notizen auf Ihrem Schreibblock zufrieden wären. Fakt ist aber nun einmal, dass ein paar Notizen selten ausreichen für gute und weitreichende Entscheidungen. Eine Entscheidung wie die, ob, was, wo oder wie Sie in den nächsten Jahren studieren wollen, fällen Sie besser, indem Sie in Ihrer Schnupperwoche so viele verschiedene Eindrücke wie möglich festhalten und reflektieren:

Wie hört sich so ein Studium an? Lassen Sie einfach mal Ihr Video auf dem Handy oder einem anderen mobilen Gerät bei einem Vortrag oder einer Diskussion mitlaufen und posten Sie das Ergebnis in Ihrem ePortfolio und beschreiben Sie dort kurz Ihre Eindrücke.

Wie riecht und schmeckt es in der Mensa? Machen Sie ein Foto vom Menü Ihrer Wahl und posten Sie es auf Ihrem ePortfolio. Wie viele Sterne geben Sie unserer Mensa-Küche? Sitzen Sie vielleicht zum Essen draußen auf der Veranda? Schreiben Sie auf, was Sie in der Umgebung sehen.

Welche Materialien stürmen im Verlaufe einer Vorlesung auf Sie ein? Halten Sie das Wichtigste auf unterschiedliche Weise fest: Mal mit Stift und Papier, mal auf dem Laptop oder auf einem anderen mobilen Gerät. Fotografieren Sie die Folie oder das Handout mit dem Handy. Manchmal kann man die Powerpoint-Folien auch von der Homepage der Lehrperson herunterladen. Probieren Sie im Verlaufe der Schnupper-Woche verschiedene Instrumente und Methoden des Dokumentierens von Informationen aus. Fragen Sie sich zwischendurch ab und zu im Blog des ePortfolios: Womit komme ich gut/weniger gut zurecht? Woran liegt das? Was kann ich schon besonders gut oder noch nicht so gut? Was muss ich noch lernen? Wobei brauche ich Hilfe? Wo könnte ich diese Hilfe suchen? Wen könnte ich deswegen ansprechen? (...)“ (Freiburger Schreibzentrum 2012)

3.3 Die Produkt-Dimension: Das Präsentationsportfolio

Anknüpfend an meinen Kommentar zu Barretts (2009) vergleichender Grafik zwischen Prozess- und Produktportfolio (siehe Abb. 10, Kapitel 3.2), möchte ich zum Einstieg in dieses neue Kapitel noch einmal die speziellen Merkmale des Präsentationsportfolios zusammenfassen:

- **Hauptzweck:** Leistungspräsentation (produktorientiert)
- **Organisationsstruktur und Darstellung:** an einem zentralen Thema orientiert
- **Hauptsächliche Reflexionsform:** Sekundärreflexion (rückblickend)
- **Adressaten:** öffentlicher Diskurs

- **Bewertungsformat:** summativ auf der Basis von Standards, vorgegeben durch die Institution (u.U. im Zusammenhang mit dem angestrebten Berufsfeld)

Diese Zusammenfassung möchte ich auch hier wieder anhand der Freiburger Portfolio-Praxis exemplifizieren. Zuerst werde ich jedoch mögliche hochschuldidaktische Szenarien für Präsentationsportfolios vorstellen und dazu einige Gestaltungsempfehlungen abgeben.

Ideen für Ihre Lehre

a) Das Präsentationsportfolio als Leistungsnachweis in Ihrem Seminar

Es entsteht im Verlaufe des Semesters durch individuelle Arbeitsaufträge, die zu konkreten Zwischenprodukten führen.
Dieses Szenario ist dementsprechend nur für Lehrveranstaltungen mit starkem Produktcharakter empfehlenswert, z.B. wenn:
- mehrere kurze akademische Texte (Lektürezusammenfassungen, Argumentationspapier, Hypothesen) entstehen;
- verschiedene Formen des kreativen Schreibens (Lyrik, Kurzprosa) ausprobiert werden;
- Erfahrungen in unterschiedlichen Genres des journalistischen Schreibens (Meldung, Bericht, Reportage, Kommentar) gesammelt werden;
- mehrere Fallstudien oder Berechnungen erarbeitet werden;
- in der bildenden Kunst mehrere Kunstwerke entstehen;
- in der Sportausbildung Videomitschnitte von Bewegungsabläufen angefertigt werden (etc.).

Dieses Szenario ist außerdem nur empfehlenswert, wenn bei den Studierenden bereits Erfahrung mit reflexiver Praxis vorliegt. Ohne ausreichende Reflexionserfahrung kommt es oft am Semesterende lediglich zur Anhäufung von Ergebnis-Dokumenten im Portfolio. Von einer zu geringen Reflexionserfahrung müssen Sie ausgehen, wenn in Ihrem Fach Portfolioarbeit außerhalb Ihres eigenen Lehrangebotes nicht existiert.

b) Das Präsentationsportfolio als Modulprüfung

Dieses Portfolioformat entsteht aus den Lernportfolios der Seminare, die laut Studienordnung zu einem Modul gehören (siehe dazu auch Kap. 3.2). Wichtig ist hier eine klare, transparente, gemeinsame Linie zwischen den beteiligten Lehrpersonen der verschiedenen Seminare, am besten organisiert durch eine sogenannte FolioQuest, eine HTML-basierte Darstellungsform der für die Portfolioarbeit relevanten Informationen in einem konkreten institutionellen Rahmen, z.B. einem Studiengang (siehe dazu Kap. 3.5).

c) Das Präsentationsportfolio als Modus für die Zulassung eines Themas als Studienabschlussarbeit

Dieses Portfolioformat entsteht aus dem studienbegleitenden Portfolio, themenrelevanten Modulportfolios (vgl. b) und zusätzlichen Materialien. Durch relevante Informationen und Materialien aus diesen Quellen und darüber hinaus stellen die Bewerberinnen und Bewerber ihre speziellen Fähigkeiten und Kenntnisse dar, die sie aus ihrer Sicht für die Bearbeitung des von ihnen vorgeschlagenen Themas qualifizieren. Hierfür ist es wichtig, dass Sie als Lehrperson bereits im Vorfeld darauf drängen, dass eine Forschungsfrage zum anvisierten Thema formuliert wird. Die Relevanz der für das Portfolio ausgewählten Materialien wird mit der Frage überprüft, inwieweit sie die Bearbeitung der Forschungsfrage unterstützen.

d) Das Präsentationsportfolio als Bewerbungsportfolio

Dieses Format ist für den Start in das Berufsleben gedacht und entsteht aus dem studienbegleitenden Portfolio (siehe dazu auch Kap. 3.2), indem von dort Informationen und Materialien herausgenommen werden, die die Stärken des Stellenbewerbers oder der Stellenbewerberin verdeutlichen bzw. zeigen, wie die Bewerberin bzw. der Bewerber mit ihren bzw. seinen Schwächen umzugehen weiß.

Im Folgenden möchte ich als Beispiel für das o.g. hochschuldidaktische Szenario (b) eine Aufgabenbeschreibung für ein Modulportfolio aus dem Bachelor-Studiengang DaZ/DaF an der PH Freiburg zitieren (vgl. Freiburger Schreibzentrum 2011). Ein Modulportfolio für den dort ebenfalls existenten Master-Studiengang DaZ/DaF wird ausführlich in Degenhardt (2014: 73 ff.) dargestellt.

Ein Blick in die Praxis

Titel der Portfolio-Ansicht Variante 1): Berufsprofil für ein ausgewähltes Handlungsfeld im DaZ oder DaF

Beschreiben und reflektieren Sie die Entwicklung Ihrer Kenntnisse über das Berufsfeld bzw. Ihre eigenen Interessen und Motivationen für das Berufsfeld. Analysieren Sie verschiedene Zielgruppen und berufliche Tätigkeiten (etc.). Diese Ansicht beinhaltet eine obligatorische Einlage: Stellen Sie eine reale Person aus dem Berufsfeld vor (freie Wahl der Darstellung, u.a. podcast, journalistisches Portrait)

Titel der Portfolio-Ansicht (Variante 2): Wissenschaftliches Profil für einen ausgewählten Bereich von DaZ oder DaF

Beschreiben und reflektieren Sie die Entwicklung Ihrer Kenntnisse über das Berufsfeld bzw. Ihrer eigenen Interessen und Motivationen für das Berufsfeld. Analysieren Sie verschiedene fachlich-inhaltliche Bereiche. Diese Ansicht beinhaltet eine obligatorische Einlage: Stellen Sie die Erkenntnisse einer relevanten Wissenschaftlerin/eines Wissenschaftlers zum ausgewählten Schwerpunkt vor (freie Wahl der Darstellung, u.a. Podcast, journalistisches Interview)

Beachten Sie bitte Folgendes für beide Varianten der Portfolio-Ansicht:

Sie entscheiden selbst, welche weiteren Informationen (Einlagen) Sie zum Schwerpunkt hinzufügen wollen und in welchem Format. Nehmen Sie bitte nur solche Informationen auf, die Sie in Ihrem Arbeitsprozess zur Erstellung von a) Berufsprofil oder b) Wissenschaftsprofil wesentlich beeinflusst haben. Zu jeder Einlage gehört ein Kurzkommentar, der die folgenden Informationen umfasst: Woher stammt die Einlage? Was haben Sie durch diese Einlage gelernt? Welche Konsequenzen (u.a. Fragen, Handlungsmotive) ergeben sich aus dieser Einsicht für Ihr weiteres Handeln?

Für das Modulportfolio haben sich die folgenden allgemeinen Evaluationskriterien bewährt. Die Bewertung erfolgt durch eine Lehrperson aus einem anderen Studienmodul, d.h. dies sind Lehrpersonen, die nicht mit den AutorInnen der Portfolios in der Lehre involviert waren:

- leserorientiert: Einleitung, Schluss;
- klare Struktur im Aufbau aller präsentierten elektronischen Ansichten;
- nachvollziehbar: Kurzbeschreibung und Kommentar für jede Portfolio-Einlage;

- fachliche Richtigkeit der verwendeten Informationen;
- Vollständigkeit der verpflichtenden Materialien;
- sprachlich-formale Richtigkeit, stilistische Angemessenheit;
- erfolgreiche öffentliche Präsentation des ePortfolios.

3.4 Zwischenresümee: Zwischen Prozess und Produkt

Aus dem bisher Gesagten zur reflexiven Praxis in diesem Buch ist Ihnen sicherlich deutlich geworden, dass Reflexion immer dann für die Studierenden und diverse Adressaten besonders wirkungsvoll ist, wenn die Schreibenden Zeit und Gelegenheit erhalten, Reflexion als Erkenntnisprozess zu entfalten (z.B. im Lernportfolio, siehe Kap. 3.2) und in Form von Einsichten und Erkenntnissen zu konkreten Arbeitsergebnissen zu gelangen (z.B. im Präsentationsportfolio, siehe Kap. 3.3). Ich erinnere hier noch einmal an Barretts (2009) anschauliche Darstellung (siehe Abb. 10, Kap. 3.2), die verdeutlicht, dass erst das kontinuierliche Zusammenspiel vom Prozess und Produkt die Portfolioarbeit für alle Beteiligten - Lehrende, Studierende und Institution - im Sinne von nachhaltig wirkender Bildungsarbeit fruchtbar werden lässt.

Die Erstellung von Prozess- und Produkt-Portfolios ist ein Unterfangen in zwei mehr oder weniger getrennten Schritten, wodurch das von Barrett (ebenda) empfohlene Zusammenspiel von Prozess- und Produktorientierung eine besondere didaktische Herausforderung darstellt, wie die folgenden typischen Szenarien von Portfolioarbeit an Hochschulen zeigen:

a) Rückblickend

Das im Semesterverlauf entstandene Lernportfolio als Mittel zur allgemeinen Seminarbegleitung (Unterlagen aus dem Seminargeschehen werden gesammelt und kommentiert) wird zum Semesterende auf der Grundlage einer (Forschungs-)Frage fokussiert. Die zum Fokus passenden Materialien werden aus dem Lernportfolio ausgewählt, kopiert und durch zusätzliche Unterlagen ergänzt. Alles zusammen wird in einer neuen Mappe als Präsentationsportfolio strukturiert, wo besonders gelungene Ergebnisse der Semesterarbeit zum Thema vorgestellt werden. Die gewählte Darstellungsform wird durch Einleitung und Resümee ergänzt. Die Mappe wird manchmal in der letzten Seminarsitzung auf einem sogenannten Portfolio-Markt vorgestellt und liegt danach der Lehrkraft zur Bewertung vor.

b) Sukzessive

Der Schwerpunkt für die Portfolioarbeit wird hier bereits in der Semesteranfangsphase (oft im Zusammenhang mit einem in der ersten Semesterhälfte gehaltenen Referat) individuell festgelegt. Danach entsteht im Verlaufe des Semesters zuerst ein Prozessportfolio, mit dem der Erkenntnisprozess zum gewählten Schwerpunkt durch relevante Materialien belegt und kommentiert wird. Dabei kann es zu einer weiteren Konkretisierung des ursprünglich gewählten Portfolio-Schwerpunktes kommen. Am Semesterende wird Material, das zu dem Zeitpunkt als weniger relevant eingeschätzt wird, wieder aussortiert und die zentralen Erkenntnisse werden im Fließtext (Einleitung und Resümee) zusammengefasst. Bei Bedarf wird die Präsentationsform des Materials im Produkt-Portfolio den Anforderungen der Adressaten angepasst. Auch in diesem Szenario wird die Mappe manchmal in der letzten Seminarsitzung auf einem Portfolio-Markt präsentiert und liegt danach der Lehrkraft zur Bewertung vor.

c) Textsortenwechsel

Egal ob für die Entstehung des Produkt-Portfolios sukzessive oder rückblickend gearbeitet wurde, letztlich stellt das fertige Portfolio in diesem Szenario die Grundlage für das Verfassen einer wissenschaftlichen Hausarbeit zum gewählten Thema während der Semesterpause dar. Dieses Szenario wird oftmals genutzt, wenn für die Teilnahme am Seminar mit Lernportfolio eine Pauschalbewertung („bestanden/ nicht bestanden") erteilt wird und nur diejenigen mit Bedarf für einen Seminar- oder Modulschein anschließend eine Hausarbeit verfassen, die dann benotet wird.

Wenn Sie zum Personenkreis der weniger erfahrenen Portfolionutzenden gehören, dann wäre u.U. empfehlenswert zu überlegen, ob Sie Ihre Ersterfahrung auf das (papierbasierte) Lernportfolio beschränken wollen: Sie würden sich entweder für das Szenario a) oder b) entscheiden und das Semester mit einem *Poster*-Markt (anstatt einem Portfolio-Markt) abschließen. Natürlich müsste zwar auch für das zu präsentierende Poster ein thematischer Fokus gefunden werden, allerdings würde sich die Präsentation auf eine zusammenfassende und stichpunktartige Darstellung beschränken und nur bei Bedarf auf ausgewählte Materialien im Lernportfolio verweisen, das der Poster-Präsentation beigelegt werden kann. In beiden Fällen empfiehlt es sich, das Poster zu benoten und das Lernportfolio als obligatorische Voraussetzung für die Teilnahme am Poster-Markt festzulegen. Natürlich könnte auch bei diesem reduzierten Szenario reflexiver Praxis der Modulschein für eine wissenschaftliche Hausarbeit (siehe Version c) „Textsortenwechsel") vergeben werden. Für die Planung Ihrer Portfolioarbeit orientieren Sie sich bitte an den Kontrollpunkten, die ich bereits in Kapitel 1.4 ausführlich beschrieben habe.

Mit Blick auf Kap. 3.5 wäre es für mich durchaus verständlich, wenn Sie sich zu Beginn Ihrer Portfoliopraxis für die papierbasierte Version entscheiden. Schließlich vermeidet man damit die Einarbeitung in diverse Tools und Prozeduren, falls einem diese nicht schon aus anderen Zusammenhängen bekannt sind. Papierbasierte Portfolios haben jedoch auch drei klare Nachteile gegenüber der digitalen Version:

1. Reflexive Praxis sollte auf verschiedenen Ebenen (siehe Kap. 1.2), mit unterschiedlichen Medien (Tagebuch, Arbeitsjournal) und in wechselnden Diskursen (siehe Kap. 1.3) stattfinden. Die „papierne" Übertragung von Informationen zwischen diesen Ebenen, Medien und Diskursen kostet Zeit und Mühe.
2. Reflexives Schreiben braucht vielfältiges Feedback von wechselnden Bezugspersonen (Peers, Lehrpersonen, externe Experten). Was bei ePortfolios mit einem „Mausklick" für das Freischalten der jeweiligen Portfolio-Ansicht erledigt werden kann, stellt beim Papierportfolio eine logistische Herausforderung dar.
3. Reflexive Praxis sollte langfristig angelegt werden bzw. nutzbar sein. Die Weiterverwendung von Papierportfolios

über mehrere Lehrveranstaltungen hinweg stellt für Studierende, Lehrende und die Institution eine logistische Herausforderung dar.

3.5 Das elektronische Portfolio als Teil mobilen Lehrens und Lernens

Sie haben es bei der bisherigen Lektüre dieses Buches vielleicht bereits geahnt: Ich verstehe das elektronische Portfolio als eine echte Alternative zum Papierportfolio an Hochschulen und Universitäten. Es ist Mittel und Medium für eine zeit- und ortsunabhängige Interaktion zwischen Lernenden, Lehrenden und Institution, die die inzwischen weit verbreitete Existenz von internetfähigen, mobilen Geräten sinnvoll mit traditionellen Interaktionsformen verbindet und damit mobiles Lehren und Lernen ermöglicht. Das ePortfolio schafft eine von allen Beteiligten gestaltbare und nachvollziehbare Verknüpfung zwischen den verschiedenen Erfahrungswelten in und außerhalb von Hochschule und Universität.

Aufgrund seiner flexiblen Darstellungsform schafft das e-Portfolio die Basis für eine individuelle Gestaltung von Informationen als Antwort auf unterschiedliche und sich wandelnde Bedürfnisse, Intentionen und Anforderungen, in deren Spannungsfeld sich die lernende Person befindet. Auf diesem Wege werden für die lernende Person Reflexion und Kommunikation als Voraussetzungen für gelingenden Kompetenzerwerb erlebbar und bedeutsam. Für Lehrende ist das ePortfolio ein Instrument für die Beratung bzw. Bewertung der Lernenden, aber auch für die (Selbst-)Einschätzung der eigenen beruflichen Tätigkeit (siehe Kap. 3.7). Für die Institution ist das ePortfolio Kompass auf dem Weg als „lernende Organisiation" (Senge 1990), wenn es darum geht, die Bedürfnisse, Möglichkeiten und Erfordernisse von Studierenden, Lehrpersonen und Institution so anzugleichen, dass Studierfähigkeit und Vermittelbarkeit auf dem Arbeitsmarkt (employability) abgesichert werden können.

In den letzten zehn Jahren haben sich ePortfolios auf internationaler Ebene als Mittel zur Organisation von reflexiver Praxis in der Aus- und Weiterbildung vielfältig bewährt. Sie haben sich aber besonders an Hochschulen und Universitäten auf methodischer und didaktischer Ebene als Impulsgeber für reflexive Praxis erwiesen (vgl. u.a. Himpsl-Gutermann 2012, Brown/ Chen/Gordon 2012, Karpa/Kempf/Bosse 2013), v.a. indem durch ePortfolios der Gebrauchswert reflexiver Praxis innerhalb von Lernergemeinschaften intensiver individuell erlebbar wird und Studierende dadurch offensichtlich stärker motiviert sind, mehr Eigenverantwortung für ihre Arbeit zu entwickeln (Brown/Chen/Gordon 2012: 132). In der hier zitierten Umfrage des Weltverbandes für ePortfolioarbeit (AAEEBL) identifizieren die Autorinnen außerdem bei 77% der in den USA befragten Lehrpersonen die Überzeugung, dass durch den regelmäßigen Einsatz von ePortfolios sich ihre eigene Lehrpraxis stärker lernerzentriert entwickelt, was v.a. heißt, dass durch den im e-Portfolio gespiegelten aktuellen Stand der Bedürfnisse und Möglichkeiten der Studierenden, es den Lehrpersonen besser gelingt, Studierende von dort abzuholen, wo sie sich in ihrer Entwicklung gerade befinden und sie auf dieser Informationsbasis adäquat zu fördern (ebenda). In dem Zusammenhang erscheint mir die Forschung zum Einfluss von Vorwissen (*prior knowledge*) für die Organisation von Wissenstransfer durch (reflexives) Schreiben (vgl. Robertson/Taczak/Yancey 2014) besonders wegweisend. Auf der Basis von ePortfolios kann es gelingen, Feedback, vor allem in Gestalt der sogenannten vorausschauenden Rückmeldung (*anticipatory response*, siehe auch Kap. 2.2), in seinem individuell erlebbaren Gebrauchswert zu optimieren: Mit dem (digital verlinkten) Verweis auf bereits existierende Einlagen im e-Portfolio werden die Kommentare der Lehrperson (oder einer anderen feedbackgebenden Person) direkt in den Texten der Studierenden *situiert* und von diesen als Teil ein und desselben Diskurses erlebt, anstatt als extra Blatt beigelegt oder handschriftlich hinzugefügt als Botschaft eines Kontrollsystems wahrgenommen zu werden.

Für meine eigene Portfolio-Praxis, die auf dem in Kapitel 2.1 skizzierten Ansatz der Primärreflexion im Praxis-(Berufs-) feld und der Sekundärreflexion in der begleitenden Seminararbeit basiert, beobachte ich einen besonderen methodisch-didaktischen Zugewinn seit dem Wechsel vom Papierportfolio zum e-Portfolio: Mit Blick auf die von den Studierenden in einem Praxiszusammenhang (z.B. Schulpraktikum) in den ePortfolios eingestellten Eindrücke kann ich authentische Anschlusskommunikation und -aufgaben erstellen, was wiederum zur individuell erlebten Bedeutsamkeit des Theorie-Praxis-Diskurses im Begleitseminar im Allgemeinen und der Arbeit in der nächsten Seminarsitzung im Besonderen beiträgt. Studierende melden mir zurück, dass sie ihre im Praktikum gesammelten Erfahrungen ernst genommen sehen und sie sich eingeladen fühlen, direkt zur weiteren Seminargestaltung beizutragen.

Meine Rückfragen an die Studierenden haben außerdem ergeben, dass spontane Eindrücke aus der unmittelbaren Praxiserfahrung (Primärreflexion) durch den speziellen Anreiz der digitalen Mediennutzung viel öfter als auf papierbasierter Ebene dokumentiert werden. Die Möglichkeit, Primärreflexionen durch den Einsatz eines mobilen Gerätes direkt in das eigene Lernportfolio einzugeben, erhöht offensichtlich die Bereitschaft der Studierenden, sich an der Ausgestaltung der jeweiligen Lehrveranstaltung aktiv zu beteiligen. Ich sehe in meiner Lehrpraxis deutlich, dass es durch den Einsatz von ePortfolios im Konzept der Primär- und Sekundärreflexion möglich wird, formale, informelle und non-formelle Bildungswelten näher zusammenrücken und voneinander profitieren zu lassen. In dem Sinne fördern e-Portfolios nicht nur längerfristige, idealerweise lebenslange Lernprozesse, sondern auch sogenanntes *lifewide learning,* ein Lernen, das weit über das des formalen Bildungserwerbs (z.B. im Seminar mit mir) hinausgeht und tief aus der alltäglichen Lebenswelt der Studierenden schöpft. Abb. 11 zum Einsatz von ePortfolioarbeit im Berufspraktikum (z.B. Schule, Unterricht), das in die Fachausbildung eingebettet ist, soll dieses Zusammenspiel von Primär- und Sekundärreflexion noch einmal veranschaulichen.

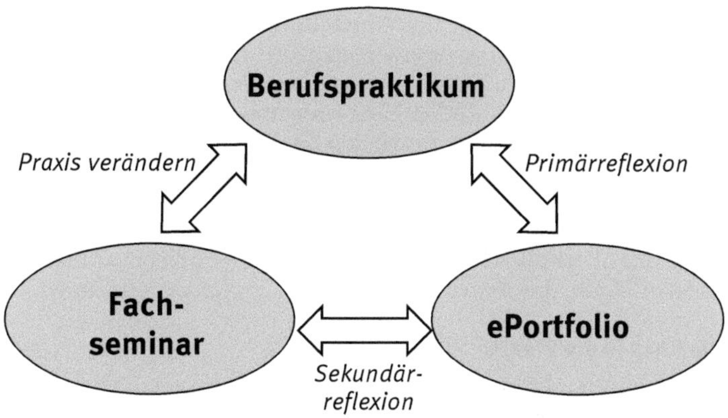

Abb. 11: ePortfolioarbeit als Brückenschlag zwischen Berufspraktikum und Seminar

Im Folgenden möchte ich meine bisherigen Bemerkungen zum ePortfolio konkretisieren, indem ich das besondere pädagogische Potenzial digitaler bzw. internet-basierter Portfolioarbeit anhand zweier Szenarien von ePortfolioarbeit - plattformbasiert und *cloud*-basiert - aus schreibdidaktischer Sicht vorstelle. Hinzu kommen Hinweise zur hochschuldidaktischen Gestaltung einer sogenannten **FolioQuest**, einer für alle an Portfolioarbeit Beteiligten verbindlichen Informationsquelle zur Organisation und Steuerung längerfristiger Portfolioarbeit.

In den letzten 15 Jahren wurden sehr viele verschiedene Webanwendungen entwickelt, die sich für die ePortfolioarbeit auf einem lokalen, fixen Server (plattformbasiert) eignen. Eine der ältesten und am intensivsten entwickelten Anwendungen ist Mahara (www.mahara.org), eine *open source*, an deren Gestaltung sich jeder jederzeit beteiligen kann. Eine umfassende Nutzerstudie, die von der Donau-Universität Krems in Österreich (Baumgartner/Himpsl-Gutermann 2008) verfasst wurde, evaluiert Mahara als in der Summe verschiedener Anwendungskriterien am vorteilhaftesten für den Gebrauch in Studium und Lehre. Wenn Sie Mahara erst einmal nur für Ihre eigene Lehrveranstaltung nutzen wollen, dann genügt eine Anmeldung auf dem Server der Donau-Universität Krems (www.mahara.at) und die Anforderung einer Zulassung als Kurs-Administrator. Wenn Sie ePortfolioarbeit für einen ganzen Studiengang oder eine Ausbildungsdisziplin organisieren möchten, dann sollten Sie Kontakt mit Ihrem Computerzentrum aufnehmen, um zu erwirken, dass die neueste Version von Mahara auf dem lokalen Server Ihrer Einrichtung installiert und dort regelmäßig gepflegt wird. Eine Schulung in der Nutzung des ePortfolios kann im Selbststudium durch ein *Online Tutorial* erfolgen, das man auf den beiden o.g. Homepages findet.

Ein Blick in die Praxis:

ePortfolioarbeit mithilfe der Webanwendung Mahara wird seit einigen Jahren an der PH Freiburg für folgende inhaltlich-funktionale Schwerpunkte erprobt:

Persönlicher Weggefährte:

- Entwicklung individueller Werte und Normen bzw. diesbezüglicher Vorstellungen im Zusammenhang mit dem angestrebten Berufsfeld
- Ausprägung der Einschätzungsfähigkeit hinsichtlich der Eignung für den Beruf
- Planung konkreter Schritte zur Profilierung der Berufsfähigkeit

Im privaten Blog als speziellem Tool für diesen Inhalts- bzw. Funktionsbereich werden die immateriellen Wahrnehmungen der Lernenden festgehalten. In einer Ansicht, die jederzeit auf Mahara zu einem bestimmten Verwendungszweck angelegt werden kann, entsteht langfristig ein persönliches Berufsprofil und damit der Grundstock für die spätere berufliche Bewerbung.

Instrument für wissenschaftliches Arbeiten:

- Entwicklung individueller Einsichten und Kenntnisse in den Lehrveranstaltungen und Modulen
- Sammeln, Beschreiben und Evaluieren von individuell bedeutsamen Techniken, Methoden und Strategien für das Lesen, Schreiben und (mündliche) Präsentieren von Prozessen und Ergebnissen im Studium

Je nach Bedarf der Lehre entstehen Ansichten für Lernportfolios (siehe dazu Kap. 3.2), die oftmals als Grundlage für die Erstellung von Präsentationsportfolios weiterverwendet werden (siehe dazu Kap. 3.3). Es entsteht außerdem ein studienbegleitendes Glossar (siehe dazu Kap. 2.3), in dem die Begriffe des Ausbildungsgebietes auf den Ebenen Definition, Erklärung und Praxisbeispiel fixiert werden. In einer speziellen Ansicht des ePortfolios entsteht langfristig ein Exposé für die Studienabschlussarbeit. In einer weiteren Ansicht existiert die Beschreibung der persönlichen Lernumgebung, die vom Nutzer/der Nutzerin je nach Bedarf aktualisiert wird.

Experimentierfeld Neue Medien:

Durch die sukzessive Digitalisierung des Studiums und der persönlichen Lernumgebung werden im ePortfolio und durch das eigene Gestalten des ePortfolios wertvolle Erfahrungen, Fragen und Probleme im Umgang mit dem digital gestützten Lehren und Lernen in Studium und Berufsfeld gesammelt.

Alternative Prüfungsform:

Das ePortfolio, in Form des Präsentationsportfolios (siehe dazu Kapitel 3.3), wird zunehmend als Leistungsnachweis für einzelne Lehrveranstaltungen, als Form der Modulprüfung, aber auch als Grundlage für die Zulassung zu Praktika und für die Studienabschlussarbeit genutzt. Für jeden Leistungsnachweis bzw. Prüfungsanlass entstehen individuelle Ansichten, die nach den Richtlinien der Studien- bzw. Prüfungsordnung der Ausbildungseinrichtung gestaltet werden.

Die Tools im Plattform-basierten ePortfolio sind begrenzt, aber gerade für Lehrpersonen, die mit der ePortfolioarbeit beginnen, vollkommen ausreichend. Möglichkeiten des methodisch-didaktischen Einsatzes zeige ich im unten schreibdidaktisch aufbereiteten Arbeitsblatt für Ihre Studierenden. Außerdem können Sie natürlich jederzeit einzelne *cloud*-basierte Tools in Ihre Arbeit einbeziehen.

Ideen für Ihre Lehre

Hinweise zur Nutzung der eTools im ePortfolio

Dokumente in Ihrem privaten Ordner des ePortfolios oder im Gruppenordner hochladen

Schreiben Sie zu jedem abgelegten Dokument einen Kurzkommentar: Was ist das für ein Material? Woher habe ich das Material? Was ist die wichtigste inhaltliche Aussage? Was habe ich konkret im Umgang mit diesem Material gelernt?

Persönlicher Blog

Schreiben Sie Selbstverständigungstexte über Informationen, die neu und noch wenig verständlich für Sie sind. Solche Texte sind privat und richten sich entweder an den Autor oder die Autorin selbst (a) oder an eine fiktive Person (b), der man versucht, den jeweiligen Sachverhalt zu erklären. Strategie (a) eignet sich zum ersten Herantasten an einen Begriff/ein Konzept, Strategie (b) zum Ausprobieren/Testen des eigenen Verstehens. Dazu hilft die Vorstellung, dass man der Person schnell eine kurze, leicht nachvollziehbare Erklärung per E-Mail schreibt.

Wichtig ist bei beiden Strategien der Grundgestus des mündlichen (Selbst-)Gesprächs. Stilistisch dominiert Umgangssprache und für Phänomene, die man noch nicht genau erklären kann, sollten Analogien oder Metaphern genutzt werden. Fehlen gänzlich die Worte, dann sollten Platzhalter (blabla...) genutzt werden. Wichtig für Sie ist die Aufrechterhaltung des Schreibflusses. Bitte schreiben Sie in kurzen Sequenzen, da sich nach ca. 5 Minuten bei den meisten Schreibenden ein innerer Zensor bemerkbar macht, der uns dazu bringen will, in einer bestimmten Textsorte bzw. nach sprachlich-formalen Kriterien zu schreiben. Damit ginge jedoch der assoziative Charakter dieser Schreibart verloren.

Eintragungen im Blog erhalten eine zusätzliche Lerndimension, wenn auf sie mit eigenen oder fremden Kommentaren reagiert wird. Reflektieren Sie, mit einem gewissen zeitlichen Abstand, über Ihre Einträge aus der Perspektive des Lesers: Können Sie mit dem Eintrag etwas anfangen? Welche Fragen bleiben offen? Wie würden Sie den Gegenstand aus der aktuellen Perspektive darstellen? (siehe bei den Beispielen jeweils → *Kommentar*)

<u>Beispiel (a):</u>

Also, hmm, der Leseknick ist so eine Zeit, in der wir nicht mehr so viel lesen. Einfach keinen Bock auf Bücher haben. Ich kann mich erinnern, in der 3. Klasse. Meine Oma war stinksauer. Hmm, fällt mir im Moment nichts ein. Blablabla.... Was noch? Muss ich recherchieren. Nachschauen wegen Hirnforschung! → Kommentar zwei Wochen später: Leseknick immer noch nicht so richtig klar. Wie kommt der zustande? Muss mich endlich um die Hirnforschung kümmern. Vielleicht in Spitzer (2007)?

<u>Beispiel (b):</u>

Hallo Oma, du grübelst wahrscheinlich immer noch darüber nach, was du damals falsch gemacht hast, als ich in der 3. Klasse plötzlich nicht mehr lesen wollte. Ärgere dich nicht länger darüber, denn du hast wirklich nichts falsch gemacht. Schuld war ein Phänomen, das die Lernforschung den ersten Leseknick nennt. Er setzt wenig später nach dem Lesenlernen ein (...)→Kommentar mehrere Wochen später: Begriffsdefinition ganz okay, aber zu lang, für Hausarbeit besser Rosebrock 2002 nutzen.

Chat/Forum/Wiki

Nutzen Sie den Chat zum direkten, schnellen Austausch mit einem einzelnen Partner. Diskussionen in der Kleingruppe führen Sie effektiver im Forum. Sowohl der Austausch im Chat als auch der im Forum braucht konkrete, stark eingegrenzte Fragestellungen mit dem Fokus auf der Klärung handlungsorientierter Probleme. Anstatt über einen Begriff wie „Leseknick" allgemein zu diskutieren, sollten spezielle, nutzerorientierte Fragen bearbeitet werden.

Während im Chat kleine, überschaubare Aufgaben geklärt werden, sollte das Forum für komplexere Aufträge genutzt werden:

Zum Beispiel: *Wir brauchen für die nächste Seminarsitzung eine klare Definition zum Begriff „Leseknick". Wir wollen diese Definition in drei verschiedenen Formen präsentieren, um unterschiedliche Lernertypen zu bedienen. (...) Wer übernimmt welche Darstellungsform? Jeder postet seine Version bis zum (Datum) hier im Forum. Wir geben uns bis zum (Datum) gegenseitig Rückmeldung nach folgenden Kriterien. (...)*

Das Wiki wird für die kooperative Textproduktion genutzt. Vereinbart wird ein gemeinsamer, klar abgesteckter Schreibauftrag mit einem klar definierten Ergebnis und einer transparenten Rollenaufteilung bzw. Rollenbeschreibung:
Zum Beispiel: *Wir formulieren gemeinsam eine Definition zum Begriff Leseknick.*

A formuliert eine Basiserklärung bezogen auf die Fachliteratur,

B formuliert ein Beispiel (u.U. aus der eigenen Lesebiografie),

C formuliert eine Strategie zur Überwindung des Leseknicks.

Danach geben wir uns gegenseitig Feedback und schreiben die Übergänge zwischen den drei Textteilen.

Persönliches Journal/Tagebuch

Reflektieren Sie regelmäßig, aber vor allem nach Abschluss von konkreten Arbeitsschritten oder -phasen über Ihr Handeln: *Was habe ich eigentlich konkret getan? Warum habe ich was und in welcher Art und Weise getan? War das effektiv? Fühlte es sich richtig an? Bin ich mit den Ergebnissen zufrieden? Was möchte ich in Zukunft an meinem Handeln ändern?*

Persönliche Tool-Box (Wiki)

Sammeln Sie Kurzbeschreibungen von Techniken, Methoden und Strategien und beschreiben Sie diese kurz, aber so konkret wie möglich in den folgenden Rubriken:

a) Begriffsdefinition→Bezug zur Theorie verdeutlichen
b) Begriffserklärung →Bezug zur Praxis verdeutlichen
c) Begriffsanwendung→Bezug zum eigenen Handeln herstellen

Sammeln Sie Hyperlinks zu relevanten Materialien (aus dem privaten Ordner oder dem Gruppenordner) bzw. zu Internet-Quellen.

Für die Planung Ihrer eigenen Arbeit mittels einer plattformbasierten Portfolioanwendung orientieren Sie sich bitte an den Kontrollpunkten, die ich bereits in Kapitel 1.4 ausführlich beschrieben habe.

Ich möchte im Folgenden noch einmal die drei Etappen der Portfolioarbeit nach Barrett (2009, vgl. Kap. 2.1) aufgreifen, um nun ePortfolioarbeit in der „digitalen Wolke" – *cloud* – als Bündelung von Daten von verschiedenen und u.U. wechselnden Servern zu zeigen. Dabei ist nicht relevant, welche elektronischen Werkzeuge Sie für die Umsetzung der verschiedenen Ebenen bzw. Phasen der Reflexion letztlich nutzen. Die in Abb. 12-14 abgebildeten Tools beziehen sich lediglich auf Helen Barretts eigene ePortfolio-Praxis.

Diese Austauschbarkeit der digitalen Tools schafft Vor- und Nachteile: Einerseits können die Studierenden mit den ihnen bereits vertrauten Instrumenten arbeiten und werden auf diese Weise angeregt, durch die ePortfolioarbeit gleichzeitig ihre persönliche digitale Arbeitsumgebung, die sie auch außerhalb des Studiums nutzen, zu optimieren und zu bündeln. Andererseits müssen Sie als Lehrperson flexibel auf die unterschiedlichen Bestandteile der studentischen ePortfolios eingehen, was allerdings auch eine enorme Lernchance in sich birgt. Sie werden auf diese Weise durch die Studierenden immer wieder neue digitale Werkzeuge kennen und nutzen lernen und damit nicht zuletzt Ihre eigene digitale Praxis wissenschaftlicher Literalität optimieren können.

Grundsätzlich denke ich, dass das *cloud*-basierte ePortfolio der Entwicklung von Technologie und Bildung in Zukunft gerechter wird als dies durch lokale, plattformbasierte ePortfolios z. Zt. möglich ist. Das Grundanliegen mobilen Lernens, nur den Zugriff auf Daten und Tools, aber nicht die Daten und die Tools selbst mitzunehmen und dabei den Zugriff immer wieder individuell zu optimieren, wird durch das Arbeiten in der „digitalen Wolke" auf konsequentere Weise umgesetzt. Andererseits ist mir klar, dass es nötig sein wird, in diesem Zusammenhang entstehende Fragen des Datenschutzes und des Urheberrechts neu zu bedenken und zu diskutieren.

Ideen für Ihre Lehre

Wenn Sie mit einem *cloud*-basierten ePortfolio arbeiten wollen, sollten Sie mit Ihrer Institution vorher klären, ob es rechtliche Bedenken gibt, dass sich die ePortfolios als Leistungsnachweis nicht auf dem lokalen Server Ihrer Einrichtung befinden.

Das Hauptziel der ersten Reflexionsphase im ePortfolio besteht darin, das eigene Handeln für sich selbst zu dokumentieren, dazu Belege des eigenen Tuns zu sammeln und sich damit einen ersten Einblick in die Umstände des eigenen Tuns zu verschaffen (Primärreflexion). Dafür sind vor allem Tagebuch (z.B. Google Notebook, siehe Abb. 12), Arbeitsjournal (z.B. Google Docs) und diverse mobile Geräte und Software zum Einfangen von akustischen und optischen Eindrücken nötig. Außerdem muss eine Dateiensammlung angelegt werden (z.B. auf DropBox).

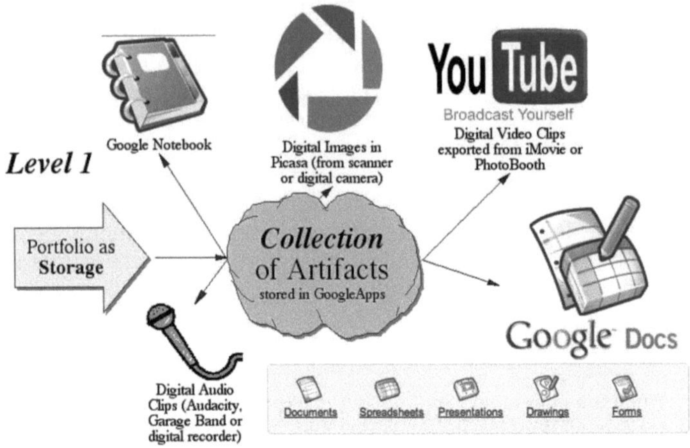

Abb. 12: Erste Reflexionsphase im ePortfolio (Barrett 2009)

Das Hauptziel der zweiten Reflexionsphase im ePortfolio besteht darin, die individuelle Bedeutsamkeit einzelner Informationen und Dokumente zu erkennen, Zusammenhänge herzustellen und eigene Erkenntnisse zu formulieren (Sekundärreflexion). Bei diesem Schritt geht es hauptsächlich um Textarbeit (z.B. Blogger, siehe Abb. 13) bzw. um Gedankenaustausch (textbasiert oder Videokonferenz), z.B. innerhalb diverser sozialer Netzwerke. Wichtig ist in dieser Phase außerdem die teilweise Öffnung der Dokumentensammlung durch Freischalten für die Lehrperson bzw. für gezieltes Peer-Feedback.

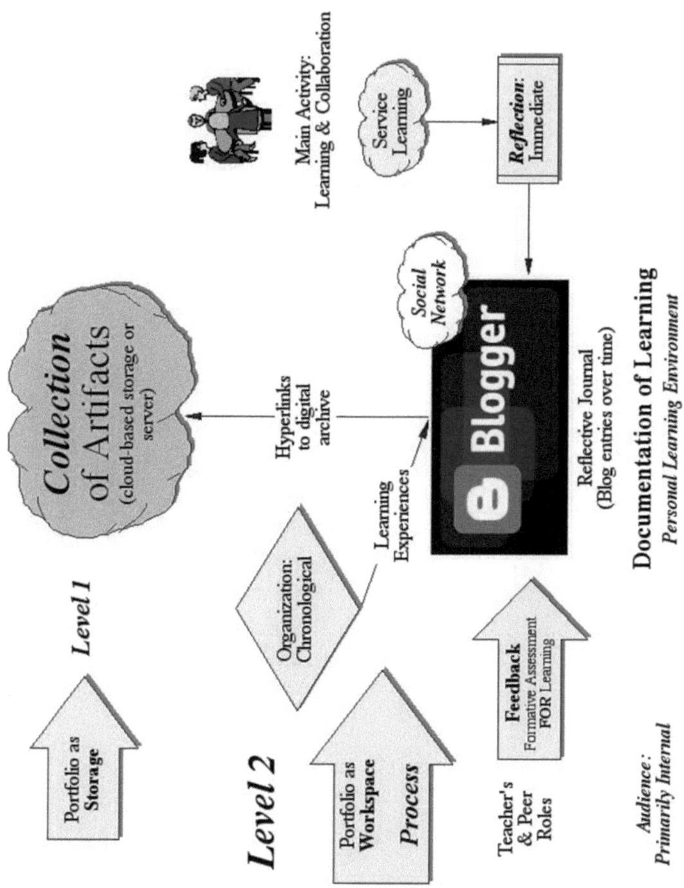

Abb. 13: Zweite Reflexionsphase im ePortfolio (Barrett 2009)

Das Hauptziel der dritten Reflexionsphase im ePortfolio besteht darin, den Wert des Gelernten zu erkennen, Informationen zu priorisieren und das Gesamtmaterial mit erhöhtem Gebrauchswert adressatenorientiert zu präsentieren. Dafür eignen sich z.B. leistungsfähige Blog-Anwendungen, bei denen es möglich ist, Text, Bild, Video, Audio und Fremdkommentar miteinander zu kombinieren (z.B. WordPress. s. Abb. 14).

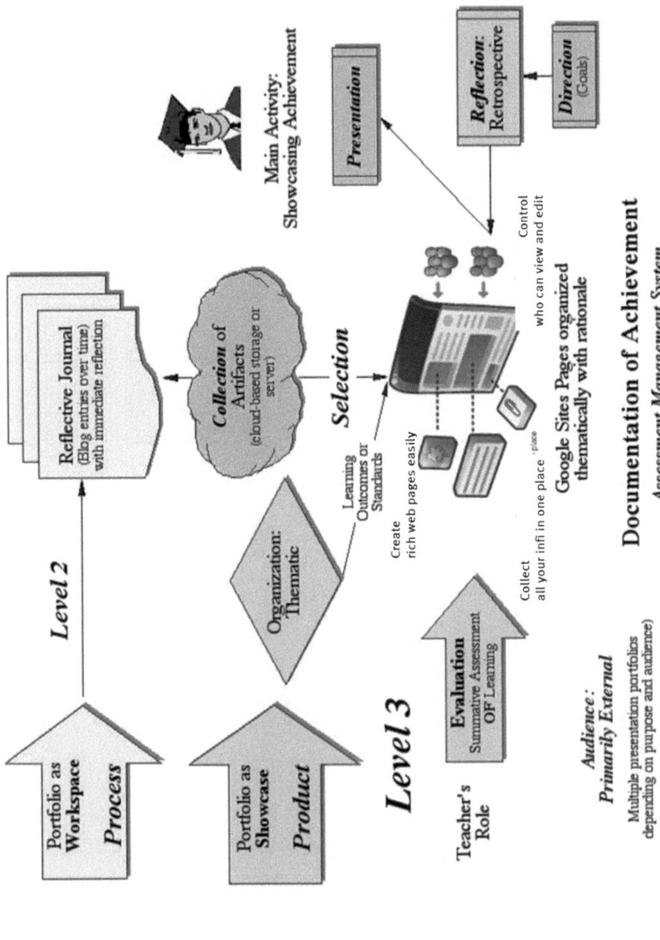

Abb. 14: Dritte Reflexionsphase im ePortfolio (Barrett 2009)

Für die Planung Ihrer eigenen Arbeit mittels einer *cloud*-basierten Portfolioanwendung orientieren Sie sich bitte außerdem an den Kontrollpunkten, die ich bereits in Kapitel 1.4 ausführlich beschrieben habe. Eine umfangreiche und äußerst anwendungsorientierte Sammlung von Online-Tutorials zu verschiedenen digitalen Tools, die für die *cloud*-basierte ePortfolioarbeit genutzt werden können, finden Sie auf der Homepage des Departments für Interaktive Medien und Bildungstechnologien (IMB) an der Donau-Universität Krems/Österreich.

Unabhängig von dem von Ihnen gewählten technologischen Szenario - selbst für das papierbasierte Portfolio trifft das Folgende zu - ist eine für alle verbindliche Informationsquelle zur Organisation und Steuerung längerfristiger Portfolioarbeit nötig. Aufgrund der Komplexität reflexiven Schreibens und der dadurch notwendigen Mehrschrittigkeit im Arbeitsprozess braucht es immer wieder Verständigung bzw. Rückversicherung dazu, wie das Portfolio erstellt werden soll. Um sich als Lehrperson mit den grundsätzlichen Vereinbarungen nicht ständig wiederholen zu müssen bzw. allen Studierenden den orts- und zeitunabhängigen Zugriff zu allen relevanten, aktuellen Informationen für gelingende Portfolioarbeit zu ermöglichen, kann eine FolioQuest genutzt werden. Hierbei handelt es sich um eine unkompliziert gestaltete und daher mit nur wenig Aufwand adaptierbare Grundstruktur, die als gemeinsames Informations- und Steuerungsinstrument für Portfolioarbeit innerhalb einer größeren Organisationsstruktur auf der Basis von Webquest (www.webquest.org) für die jeweils örtlichen Anforderungen angepasst werden kann. Die Gestaltung eines solchen Steuerinstruments für komplexes, längerfristig zu bearbeitendes Aufgabendesign kann hier aus Platzgründen leider nicht detailliert vorgestellt werden. Dazu verweise ich auf Bräuer/ Schindler (2011: 44 f.), wo Sie außerdem eine Vielzahl von Beispielen für Schreibarrangements in Schule, Hochschule und Beruf finden.

Ein Blick in die Praxis

Und so kann eine FolioQuest aussehen (siehe Abb. 15) – mit einem motivierenden Einführungstext („Einführung"), dem Aufgabenarrangement für den Gesamtverlauf der Portfolioarbeit („Aufgaben"), einer Kurzbeschreibung der verschiedenen Ebenen und Medien reflexiver Praxis („Reflexive Praxis"), „Tipps und Tricks" zur erfolgreichen Umsetzung der Aufgaben und einer „Info für Lehrende", in der Vereinbarungen zur gemeinsamen Portfolioarbeit innerhalb einer bestimmten Praxisgemeinschaft aufgelistet werden.

Abb. 15: Die Startseite der FolioQuest für den BA-Studiengang DaZ/DaF an der PH Freiburg

3.6 *Learning in Depth:* Das studienbegleitende ePortfolio

Ich habe mich in der zweiten Auflage meines Buches entschlossen, dem dritten Buchteil ein spezielles Kapitel zur curricularen Gestaltung langfristiger, elektronischer Portfolioarbeit hinzuzufügen. Das in Kap. 3.5 Vorgestellte zur plattform- bzw. cloudbasierten Gestaltung und zum FolioQuest als zentrale Informationsquelle zur Organisation und Steuerung längerfristiger Portfolioarbeit können Sie für die technische bzw. hochschuldidaktische Umsetzung des folgenden Vorschlags nutzen.

Akademische Literalität, eine Schlüsselkompetenz für Studierfähigkeit, meint das Zusammenspiel von Schreib- und Lesefähigkeit, Informations- und Wissensmanagement und Literacy Managament, eine wichtige Teilkompetenz akademischer Literalität zur Steuerung von Schreib- und Leseprozessen, die ich in Kap. 2.5 extra vorgestellt habe. Die Schreibforschung hat festgestellt, dass akademische Literalität aufgrund ihrer Komplexität in den Handlungsanforderungen nicht im Rahmen eines singulären Ereignisses (z.B. während eines Einführungskurses zum akademischen Arbeiten in der Studieneingangsphase) nachhaltig erworben werden kann (vgl. u.a. Lahm 2016). Die Ausprägung einer solchen komplexen Kompetenz benötigt im Verlaufe des Studiums immer wieder neue Inputs und Aufgaben, um im Kontext von sich verändernden Anforderungen (wechselnde Ausbildungsdisziplinen, neue bzw. komplexere Fragestellungen) transferiert, d.h. angewandt bzw. angemessen adaptiert werden zu können (vgl. u.a. Beaufort 2007). Für die Entwicklung von Schlüsselkompetenzen der o.g. Art braucht es horizontale curriculare Strukturen, die quer zu den vertikalen Strukturen traditioneller disziplinärer, kanonisierter Ausbildung eingerichtet werden und für diese (vertikalen) Stränge der Fachausbildung Verknüpfungsmöglichkeiten anbieten.

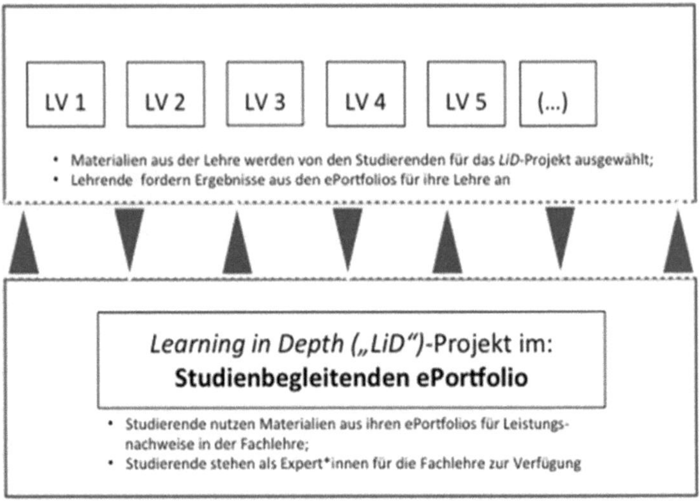

Abb. 16: Verknüpfung horizontaler und vertikaler Ausbildungsstrukturen

Ein Beispiel für eine solche horizontale Curriculumsstruktur im Kontext vertikaler Fachcurricula für Schlüsselkompetenzen des Studierens ist der durch das Schreibzentrum der Pädagogischen Hochschule Freiburg angebotene Online-Selbstlernkurs zur akademischen Literalität, dessen Aufgabenarrangement in Abbildung 17 im Überblick dargestellt ist. Den Studierenden wird empfohlen, den Basiskurs im Verlauf der ersten beiden Semester zu absolvieren und währenddessen ein studienbegleitendes Forschungsprojekt, das so genannte „LiD-Projekt", vorzubereiten.

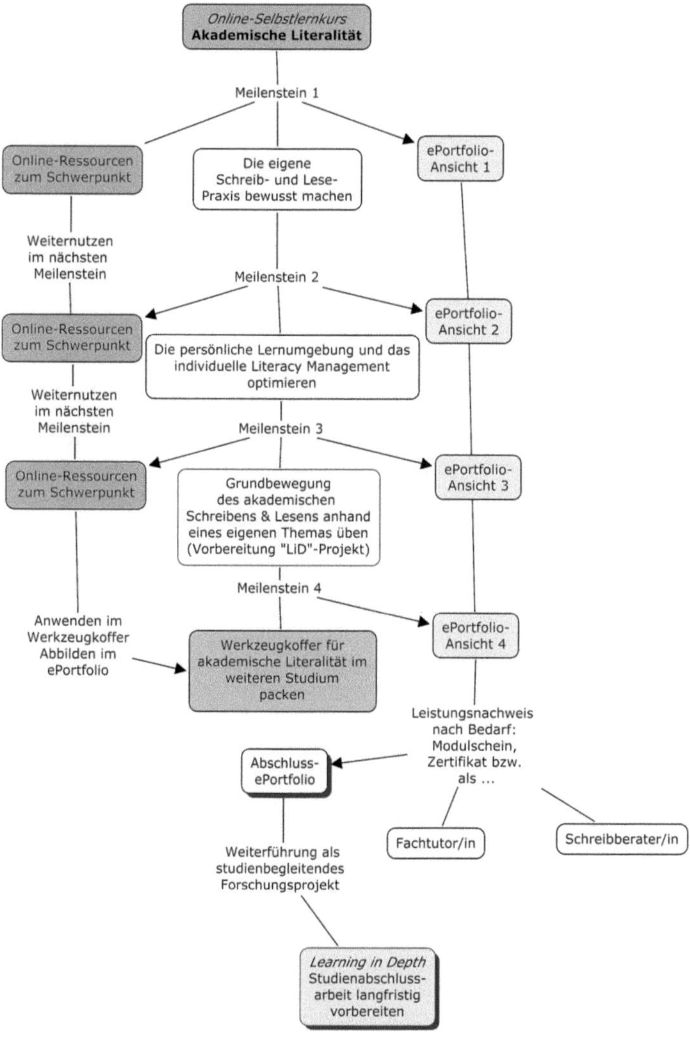

Abb. 17: Curriculare Struktur des Online-Selbstlernkurses „Akademische Literalität“)

Ideen für Ihre Lehre

Im Verlaufe des Basiskurses werden die folgenden Meilensteine mit den folgenden Inhalten absolviert:

Die eigene Schreib- und Lesepraxis bewusst machen: Dazu gehören das Bewusstmachen der eigenen Literalitätsbiografie, die Analyse aktuellen Schreib- und Lesehandelns und des persönlichen Schreib- bzw. Lesetyps, das Optimieren der individuellen Schreib- und Lesestrategien, die Erweiterung der Kenntnisse zu den Textsorten des Studiums, die Aneignung von Recherchekenntnissen bzw. die Führung eines digitalen Literaturverarbeitungssystems, die Profilierung von Feedback- und Überarbeitungsstrategien.

Die persönliche Lernumgebung und das individuelle Literacy Management optimieren: Hier soll der erweiterte Handlungskontext der Schreibenden bzw. Lesenden im Studium (digital und papierbasiert) sichtbar werden und schließlich verstanden werden, welche Mittel und Prozeduren im Umgang mit Informationen zum Zwecke der Produktion, Rezeption und Distribution von Texten zur Anwendung kommen. Diese werden in ihrer Effektivität im individuell erlebten Studienalltag evaluiert und bei Bedarf weiterentwickelt.

Die Grundbewegung des akademischen Schreibens & Lesens anhand eines eigenen Themas üben: Hier geht es um das Verfassen und die Online-Präsentation eines Exposees zur Planung eines auf das jeweilige Ausbildungsfach bezogenen, weiterführenden Forschungsschwerpunktes. Dafür können diverse Teilaufgaben zur Ergründung des eigenen Erkenntnis- und Forschungsinteresses, Recherche und Rechercheauswertung, Diskussion des Forschungsstandes und Auswahl adäquater Forschungsmethoden bearbeitet werden. Bei Interesse kann dieses Exposee über den Abschluss des Kurses hinaus zur langfristigen Arbeit an einem *Learning-in-Depth*-Projekt und damit als Vorbereitung der Studienabschlussarbeit genutzt werden.

Den Werkzeugkoffer für akademische Literalität im weiteren Studium packen: Zum Abschluss der Kursteilnahme wird durch die folgenden Fragen zu einem Resümee der geleisteten Arbeit angeleitet: *Was habe ich über mich als akademisch Schreibende/r und Lesende/r gelernt? Was habe ich bzw. werde ich an der Art und Weise, wie ich studiere und akademische Texte produziere, rezipiere und verwalte, verändern? Welche Strategien, Methoden und Techniken packe ich in meinen Werkzeugkoffer, um mich im Studienalltag an die veränderte Praxis zu erinnern bzw. diese weiter zu optimieren?*

Im Zusammenhang mit dem im Kursverlauf entstehenden e-Portfolio und dem dort integrierten Werkzeugkoffer für das individuelle Praktizieren akademischer Literalität besteht ein weiteres zentrales Ziel dieses Kurses in der besseren Handhabung reflexiver Praxis und deren Umsetzung auf den verschiedenen Ebenen und in den unterschiedlichen Medien der Reflexion (siehe Kap. 1.2 und 1.3). Hierfür sollen die Kursteilnehmenden lernen, die zu jedem Meilenstein des Kurses angebotenen digitalen Materialien (schreibpädagogische Fachtexte zum besseren Verstehen der vorgeschlagenen Mittel und Prozeduren für erfolgreiche akademische Literalität) auf ihre persönliche Bedeutsamkeit hin zu prüfen. Dazu wird vorgeschlagen, das individuelle Verstehen und die persönliche Anwendung dieser Materialien in der eigenen literalen Praxis zu reflektieren und nach jedem absolvierten Meilenstein in einer digitalen Ansicht des ePortfolios angemessen darzustellen.

Der während Meilenstein 3 (s.o. Abb. 17) erstmals bearbeitete Gegenstand kann im weiteren Verlauf des Studiums auf der Basis des Konzepts *Learning in Depth (LiD)* (Egan 2010) weiterentwickelt werden. Die Kernidee von *LiD* ist einfach: Lernende arbeiten über einen gemeinsam festgelegten Zeitraum hinweg (z.B. bis zum Abschluss des Studiums) im Rahmen eines Portfolios an einem individuellen Thema, das entweder von der Lehrperson vorgegeben oder selbst bestimmt wird. Dieses themenzentrierte Lernen ist selbstorganisiert und nur punktuell mit der Lehre verknüpft. Auf Anfrage von Peers und Lehrpersonen stehen die Beteiligten mit ihrem Spezialwissen ihrer unmittelbaren Lernergruppe sowie anderen Interessierten in der Hochschule und darüber hinaus Rede und Antwort. Auf diese Weise entsteht eine lebendige und authentische Verknüpfung formellen, informellen und non-formellen Lernens, die das Studium inhaltlich und methodisch-didaktisch bereichern kann. Dreh- und Angelpunkt dafür ist das studienbegleitende ePortfolio und die dort geleistete reflexive Praxis. Die studentische *LiD*-Forschung kann für Leistungsnachweise, Prüfungen, Praktika, die Studienabschlussarbeit und nicht zuletzt für Berufsbewerbungen bzw. die spätere berufliche Tätigkeit und die dafür nötige Fort- und Weiterbildung genutzt werden.

3.7 Das Lehrportfolio als hochschuldidaktischer Begleiter

Wie ich bereits in der Einleitung zu diesem Buch erwähnt habe, sehe ich im Lehrportfolio eine ideale Möglichkeit für den direkten Einstieg in die reflexive Praxis und für die Profilierung derselben in Ihrer Lehre. In dieser Funktion ist Ihr Lehrportfolio sozusagen Experimentierfeld für eine konkrete Lehrmethode. Darüber hinaus sehe ich weiteren Nutzen, der aus dem Umgang mit dem Lehrportfolio für Sie erwachsen könnte: Das Lehrportfolio eignet sich grundsätzlich zur Beobachtung und sukzessiven Veränderung der eigenen Lehre, vor allem mit Blick auf deren Wirksamkeit hinsichtlich der Ausbildungsziele Ihres Faches und der Erwartungen aus den angezielten Berufsfeldern, aber auch mit Bezug auf die aktuelle Leistungsfähigkeit Ihrer Studierenden. Außerdem entwickeln Sie durch den Abgleich mit den allgemeinen Qualitätsstandards universitärer Lehre (z.B. forschungsbasierte und studierendenzentrierte Lehre, zielorientierte Gestaltung der Lehr/Lernumgebung) oder mit den spezifischen Standards Ihrer Hochschule konkrete Vorstellungen vom Leistungspotenzial Ihres eigenen professionellen Handelns und Ihnen wird u.U. konkreter Weiterbildungsbedarf bewusst. Nicht zuletzt könnten diese Einsichten und Erkenntnisse auch für Stellenbewerbungen genutzt werden, wenn es darum geht, individuelle Stärken und Schwächen konstruktiv darzustellen und damit professionelles Handeln zu demonstrieren. Im Folgenden möchte ich Ihnen zwei Szenarien für das Lehrportfolio als Einstieg in die Portfoliopraxis vorschlagen.

Stellen Sie sich vor

Szenario 1: Ohne Portfolioarbeit Ihrer Studierenden

Dieses Szenario ist für diejenigen geeignet, die Portfolioarbeit ungestört und ohne Erfolgsdruck selbst einmal ausprobieren möchten, um später, auf der Grundlage dieser Erfahrung, Portfolioarbeit für die Studierenden zu planen. Sie dokumentieren den Verlauf eines Semesters – dann noch ohne Portfolioarbeit durch die Studierenden – mit einem persönlichen Blog (für Ihre Primärreflexion) und erörtern ausgewählte Schwerpunkte davon in einem halböffentlichen

Blog (für Ihre Sekundärreflexion) auf der Homepage oder der Lernplattform des Kurses bzw. lassen Ihre Ausführungen dort von Ihren Studierenden diskutieren. Diesen halböffentlichen Blog könnten Sie als Lese- und Schreibanlass im Seminar nutzen, nicht zuletzt als authentischen Gebrauchswert und Motivation für Ihre eigene reflexive Praxis mit echten Adressatinnen und Adressaten. Ideal wäre, wenn nach dem Semester eine abschließende Zusammenstellung der Eindrücke, Ergebnisse und hochschuldidaktischen Erkenntnisse im Rahmen eines ePortfolios entstünde, das später u.U. für Ihre Kollegen und Kelleginnen freigeschaltet oder für Tagungs-Präsentationen genutzt werden könnte, um Portfolioarbeit an Ihrer Einrichtung bzw. auch an anderen Hochschulen und Universitäten zu befördern. Hier das mögliche Aufgabenarrangement im Überblick:

1. *wöchentlich:* Primärreflexion während oder unmittelbar nach der Veranstaltung im privaten Blog
2. *an drei Terminen am Anfang, in der Mitte und gegen Ende des Semesters:* Zusammenfassende Reflexion auf inhaltlicher und organisatorischer Ebene im halböffentlichen Blog auf der genutzten Lernplattform oder auf einem anderen Blog mit Einladungsfunktion
3. *im Zusammenhang mit diesen drei Terminen:* Ihre inhaltliche Reflexion anhand von Vertiefungsfragen als Schreib- und/oder Gesprächsanlass für die Studierenden in der Veranstaltung und darüber hinaus nutzen
4. *nach dem Semesterende:* Darstellung der wichtigsten Reflexionen und Erkenntnisse auf einer speziellen Ansicht in Ihrem Lehrportfolio (z.B. Mahara)
5. *nach Fertigstellung:* für Kolleginnen und Kollegen (z.B. in einem hochschuldidaktischen Gesprächskreis) freischalten und dort vorstellen
6. *später:* u.U. auf einer Tagung außerhalb der Hochschule/Universität als *best practice* präsentieren

Ideen für Ihre Lehre

Fokusfragen für Ihre Reflexion

- Für die Primärreflexion: Bei welchen Handlungen habe ich mich heute besonders gut/schlecht gefühlt? Gibt es Spuren dieses aktuellen Handelns (Fotos von Tafel- oder Flipchart-Anschrieb, digitales Dokument vom SmartBoard, Audio/Video-Mitschnitte von meinen Ausführungen, sprachliche Formulierungen, an die ich mich erinnere)?
- Für die Sekundärreflexion: Welche Ziele habe ich in der jeweiligen Lehrveranstaltung (nicht oder nur bedingt) erreicht? Woran mache ich den (Miss-)Erfolg fest? Welchen Anteil am (Miss-)Erfolg haben meiner Meinung nach die Studierenden? Was sollte sich an meinem Handeln kurz- oder langfristig ändern? Was sollte sich im Handeln der Studierenden ändern? Wie erreiche ich diese Handlungsmodifikationen bei mir bzw. den Studierenden? Welche externe Hilfe brauche ich bzw. benötigen die Studierenden?

Beispiel für Vertiefungsfragen im halböffentlichen Blog (von Ihnen an die Studierenden gerichtet)

Sie wählen die Ihnen wichtigsten Eindrücke von der vergangenen Woche aus Ihrem privaten Blog aus und posten diese auf dem Blog Ihrer Praxisgemeinschaft. Dazu könnten Sie die folgende Frage an die Studierenden ergänzen:

Fragen Sie sich bitte auf der Grundlage meiner Reflexion zur letzten Sitzung: Was hat Ihnen geholfen bzw. Sie behindert, die für diese Sitzung vereinbarten Lernziele zu erreichen? Reflektieren Sie dabei die Wirksamkeit Ihres eigenen Handelns, das der Lehrperson und die Auswirkungen Ihrer persönlichen Lernumgebung bzw. der von uns gemeinsam genutzten Lernumgebung? Was sollte sich kurz- oder langfristig in unserer Zusammenarbeit ändern?

Stellen Sie sich vor

Szenario 2: Parallel zur Portfolioarbeit Ihrer Studierenden

Wenn die unter „Szenario 1" geschilderte Möglichkeit, die Portfolioarbeit vorab auszuprobieren, nicht besteht, sollte derselbe Lernprozess sozusagen „on the job" organisiert werden: Sie führen Ihr Lehrportfolio also diesmal nicht intern und innerhalb einer Lehrveranstaltung ohne Portfolio, sondern parallel zur Arbeit der Studierenden an ihren Portfolios. Daraus könnten sich im Vergleich zur oben vorgestellten Variante einige Vorteile ergeben. Sie sollten aber auch mit einigen besonderen Herausforderungen rechnen.

Der deutlichste Vorteil besteht m.E. darin, durch das Führen des eigenen Portfolios den Studierenden gegenüber zu signalisieren, dass Sie und die Studierenden ein und derselben Praxisgemeinschaft angehören. Das heißt nicht, dass Sie Ihre Rolle als Lehrperson aufgeben und sich quasi als Peer anbiedern: Sie leiten nach wie vor die Lernergemeinschaft an. Dazu legitimiert Sie Ihre Verantwortung gegenüber der Institution, die auf Ihrem immensen Vorsprung im Fachwissen, im hochschuldidaktischen Können und in Ihrer Lebenserfahrung basiert. Sie sind die Person, die Struktur und Inhalt der Portfolioarbeit gestaltet, auch wenn Sie Teile davon, z.B. die Situierung von reflexiven Aufgaben (siehe Kap. 2.2) im Rahmen der Praxisgemeinschaft mit den Studierenden bei Bedarf aushandeln. Dass die Studierenden in dieser Praxisgemeinschaft ein Mitspracherecht haben, wird sie in ihrer Eigenverantwortlichkeit stärken. Das wird letztlich zum Gelingen der gemeinsamen Arbeit beitragen.

Aus der Situation, mit den Studierenden in der Portfolioarbeit eine Praxisgemeinschaft einzugehen, erwächst jedoch auch eine besondere Herausforderung: Sie werden sich in der Verantwortung sehen, Ihr eigenes (Lehr-)Portfolio, genau wie Sie das von den Studierenden erwarten, kontinuierlich zu führen. Gelingt Ihnen das einmal nicht, sollten Sie bereit sein, diese Schwierigkeiten mit der Praxisgemeinschaft zeitnah zu kommunizieren. Da sich jedoch daraus wiederum sehr nützliche Anknüpfungspunkte für die Portfolioarbeit der Studierenden ergeben können, haben wir es hier m.E. mit einer durchaus konstruktiven Herausforderung zu tun. Das Aufgabenarrangement zur Reflexion der eigenen Lehrtätigkeit im Seminar kann in den Grundzügen vom ersten Szenario verwendet werden. Es sollte aber durch Aufgaben ergänzt werden, die von den Studierenden parallel bearbeitet werden, sodass auch sie Gelegenheit erhalten, sich direkt zum Verlauf ihrer ePortfolio-Arbeit zu äußern. Ich unterbreite Ihnen weiter unten Vorschläge zur inhaltlichen und sprachlichen Gestaltung von Orientierungsfragen für Ihre Studierenden. Nicht zuletzt ergibt sich durch die parallele Reflexion der ePortfolio-Erfahrung ein gemeinsamer Gesprächs- bzw. Schreibanlass, der wesentlich zur Stabilisierung der neuen Arbeitsmethode beitragen kann.

Ideen für Ihre Lehre

Fokusfragen für Ihre Reflexion (zusätzlich zu den Fragen aus dem ersten Szenario)

- Für die Primärreflexion: Haben die Studierenden ihre Primärreflexionen für mich zur vereinbarten Zeit freigeschaltet? Hat mich das dort verfügbare Material angeregt, Fragen für die Sekundärreflexion zu stellen, die für den weiteren Diskurs im Seminar sinnvoll sind?
- Für die Sekundärreflexion: Welche organisatorischen Erleichterungen bzw. Schwierigkeiten habe ich durch die Nutzung der e-Portfolios bei mir und bei den Studierenden bemerkt? Welche fachlich-inhaltlichen Vor- oder Nachteile habe ich durch die Nutzung der ePortfolios bei mir bzw. den Studierenden beobachtet? Woraus ergeben sich diese? Wie könnten die Gründe für die Nachteile durch mich und die Studierenden verringert bzw. unsere Stärken gefördert werden?

Fokusfragen für die Studierenden (zusätzlich zu den Vertiefungsfragen aus Szenario 1)

- Für die Primärreflexion der ePortfolio-Arbeit: Dokumentieren Sie jede Woche in Ihrem privaten Blog kurz Ihre Arbeit mit dem ePortfolio und halten Sie spontane Eindrücke fest: Was gelingt Ihnen bereits, was noch nicht? Was macht Spaß? Was stört Sie?
- Für die Sekundärreflexion der ePortfolio-Arbeit: Beteiligen Sie sich am halböffentlichen Blog Ihrer Praxisgemeinschaft und berichten Sie dort von den für Sie wichtigsten Erfahrungen. Ergän-

zen Sie jedoch Ihre Erfahrungen mit Beobachtungen zu den Ursachen Ihrer aktuellen Eindrücke. Kommentieren Sie einige Blogeinträge Ihrer Peers und stehen Sie diesen mit Rat und Tat zur Seite, soweit Ihnen das möglich ist.

Wie die beiden vorgeschlagenen Szenarien zum Einsatz Ihres Lehrportfolios verdeutlichen, ist der Umgang mit diesem Portfoliotyp stark prozessorientiert und erinnert deswegen zuerst einmal an ein Lernportfolio (siehe Kap. 3.2): Sie lernen mit dem Ziel, Ihre Lehre weiterzuentwickeln. Wie jedoch schon eingangs angedeutet, kann Ihr Lehrportfolio aber auch als Präsentationsmedium (siehe Kap. 3.3) genutzt werden, wenn der Bedarf besteht, Ihr Profil als Lehrperson zum Beispiel für Ihren (zukünftigen) Arbeitgeber sichtbar zu machen. Für diesen Zweck wäre es jedoch nötig, die wichtigsten Informationen Ihrer bisherigen Prozess-Darstellung zusammenzufassen, Ihre *best practice* anhand aussagekräftiger Materialien (u.a. Kursbeschreibungen, Aufgabenstellungen, Auszüge aus Blogs etc.) zu zeigen und Konsequenzen für die Gestaltung Ihres weiteren beruflichen Handelns zu formulieren.

Wie in der Portfolioarbeit mit Studierenden, so gibt es auch für das Lehrportfolio einen reichen Erfahrungsschatz in der angelsächsischen Hochschullandschaft. Dort ist das sogenannte *teaching portfolio* oft Teil eines *professional portfolio*, soweit es sich um Berufe handelt, in denen das Lehren bzw. Unterrichten zu den zentralen Aufgaben zählt. Der konzeptionelle Kern, der sich zuerst in Kanada und den USA und später international für das Lehrportfolio durchgesetzt hat, stammt von Donald A. Schön und ist aus dessen Verständnis zur reflexiven Praxis und deren Anwendung auf die Reflexion beruflicher Entwicklung, *The Reflective Practitioner* (1985), hervorgegangen. Auf dieser Basis hat sich für die Reflexion der Lehrkompetenz das Konzept der *critical reflection* von Brookfield (1995) in den englischsprachigen Ländern bewährt und darüber hinaus auch den hochschuldidaktischen Diskurs Nordeuropas (u.a. Tenhula 2000, für die Entwicklung in Finnland) beeinflusst. In Brookfields Konzeption geht es darum, die Entwicklung von Lehrkompetenz zu dokumentieren, diese Entwicklung in die bestehende Handlungsbiografie einzuordnen, den Stand der Dinge selbstkritisch zu evaluieren und verändertes professionelles

Handeln zu planen. Diese Tendenz zur Etablierung des Lehrportfolios scheint sich nun ebenfalls im deutschsprachigen Raum fortzusetzen (vgl. u.a. Szczyrba/Gotzen 2012), auch wenn die Nutzung des Lehrportfolios als Instrument institutioneller Förderung und Forderung derzeit noch auf kulturell bedingte Hindernisse im Zusammenhang mit der an deutschen Hochschulen im Vordergrund stehenden Autonomie der Lehre stößt.

Ich möchte dieses Kapitel mit einem Plädoyer zur Nutzung des Lehrportfolios als Instrument für Aktionsforschung im Allgemeinen und das Forschen über die eigene Lehre (*scholarship of teaching and learning*) im Besonderen abschließen. Burns (2007) versteht *action research* als *practice as inquiry*: Impulse aus der Praxis mobilisieren bei den am Praxisfeld Beteiligten neue Forschungsfragen, wobei die Beantwortung derselben zur Veränderung der Praxis beiträgt (ebenda: 11). Smith/Sela (2005) sehen in *action research* außerdem das Potenzial für einen erfolgreichen Wissens- und Könnenstransfer von einer Diskursgemeinschaft (z.B. Studierende) zur anderen (z.B. Berufstätige im Kontakt mit Studierenden), durch das z.B. für Praktikantinnen und Praktikanten die Qualität des im Studium Angeeigneten verändert werden kann, aber auch die Basis geschaffen wird für eine forschende, reflektierende Grundhaltung im späteren Berufsfeld, einschließlich des Bedürfnisses, die im Berufsfeld wahrgenommenen Probleme und Fragen zu untersuchen. Das Forschen über die eigene Lehre hat die Effekte von Lehrmethoden und Prüfungsformaten zum Gegenstand (u.a. Kreber 2011) und trägt damit wesentlich zur noch jungen Hochschulforschung bei (u.a. Wolters 2010).

Für ein Aktionsforschungsdesign, das Studium und Berufsfeld als reflexive Praxis sinnvoll miteinander verknüpft, haben sich laut Studien von Levin/Rock (2003) und Smith/ Sela (2005) die folgenden Teilaufgaben bewährt:

- Beobachtung eines bestimmten Aspekts der Praxis und individuelle Analyse im Forschungstagebuch
- Identifizierung eines zentralen Problems im beobachteten Praxisausschnitt
- Befragen von Forschungsliteratur und beruflicher Erfahrung zum Problem
- Aufstellung eines Aktionsplans zur Überwindung des Problems in der Praxis

- Implementierung und Dokumentation derselben
- Formulieren von Erkenntnissen für die eigene berufliche Praxis

York-Barr u.a. (2006) haben für das Ergründen des Berufsfeldes u.a. die folgenden Medien reflexiver Praxis als *reflective practice spiral* (ebenda: 19 f.) erprobt, in deren Verlauf die Einsichten individueller Reflexion im Dialog mit dem (Lern/Arbeits-)Partner, dem Team, der Institution und dem weiteren Berufsfeld erprobt und weiterentwickelt werden:

- Tagebuchschreiben
- Dialog-Journal
- Strukturierter Dialog
- Angeleitetes Storytelling
- Reflexives Sitzungsprotokoll
- Steuergruppe
- Organisationsentwicklungsportfolio

Die o.g. Teilaufgaben und Medien integrieren auf didaktisch wirkungsvolle Weise die verschiedenen Ebenen reflexiver Praxis, sodass es z.B. in einem Lehrportfolio schrittweise gelingen kann, konkrete Aussagen zur beobachteten Praxis zu formulieren, mit den eigenen Kenntnissen zu verknüpfen, neues, erforderliches Wissen zu generieren und anzuwenden.

4 Ausblick: Eine hochschuldidaktische Vision

Stellen Sie sich vor

Die Hochschule oder Universität, an der Sie tätig sind, stellt Ihnen für Ihre Lehre eine hochschulweit genutzte ePortfolio-Anwendung zur Verfügung. Sie werden bei der Konzipierung, Durchführung und Reflexion der Portfolioarbeit in Ihren Lehrveranstaltungen von einer Person aus dem Hochschuldidaktischen Zentrum begleitet. Von einer anderen Person aus dem Computerzentrum werden Sie in die technische Verwendung des ePortfolios eingewiesen. Außerdem erhalten Sie regelmäßig Informationen über neueste digitale Tools zur Optimierung von Lehre, Forschung und Publikationstätigkeit. Ihre Arbeit in diesen drei Bereichen reflektieren Sie in Ihrem Berufsportfolio, dessen Führung zu Ihren Dienstaufgaben gehört. Zur Selbsteinschätzung Ihrer Lehrkompetenz stehen Ihnen die Lehrstandards Ihrer Einrichtung und ein Lehrkompetenz-Entwicklungsmodell zur Verfügung. Das Berufsportfolio stellen Sie den Leitungsgremien Ihrer Einrichtung zur Verfügung, wenn es um die jährliche Zuweisung von Ressourcen geht.

Auch die Studierenden erhalten umfassende Unterstützung bei ihrer Portfolio-Arbeit: Das ePortfolio gehört zur digitalen Lernumgebung, die allen Studierenden von Beginn an zur Verfügung steht. Auch sie haben Zugriff auf zusätzliche digitale Werkzeuge, die vom Zentrum für Schlüsselqualifikationen für das Studium empfohlen werden und mit deren Hilfe das ePortfolio individuell gestaltet werden kann. Durch das akademische Schreibzentrum wird reflexive Textproduktion in Workshops angeleitet und in persönlichen Sprechstunden beraten. Durch Online-Tutorials werden Studierende zum wirkungsvollen Peer-Feedback befähigt. Die Führung des studienbegleitenden ePortfolios ist obligatorisch und mit diversen Portfolio-Ansichten werden Leistungsnachweise erbracht und Prüfungszulassungen erwirkt. Das Thema der Studienabschlussarbeit muss laut Prüfungsordnung ebenfalls durch eine spezielle Portfolio-Ansicht beantragt werden.

Wenn Sie sich an die vielen Beispiele erinnern, die ich in diesem Buch aus der bereits existierenden Portfolio-Praxis gegeben habe, dann werden Sie meiner Feststellung sicherlich Recht geben, dass wir uns in den deutschsprachigen Ländern nicht mehr meilenweit von der Verwirklichung der oben skizzierten Vision befinden: ePortfolios sind in zunehmender Zahl an Hochschulen und Universitäten im Einsatz, wobei die meisten zugegeben immer noch von speziell interessierten Lehrpersonen im Alleingang und in mühevoller Kleinarbeit in einzelnen Lehrveranstaltungen bewältigt werden. Wir sollten unbedingt Wege und Möglichkeiten finden, *best practice* für alle sichtbar zu machen und damit konkrete Maßnahmen zur Hochschulentwicklung *bottom-up* zu initiieren. Auf dieser Grundlage müssen standortspezifische ePortfolio-Konzeptionen entstehen, die *top-down* für die gesamte Organisation durchgesetzt werden.

Wie wir wissen, gibt es aber auch bereits hochschulweit angelegte Portfolio-Konzepte, mit denen Studierende während ihrer gesamten Studienzeit begleitet werden und sogar der Übergang zum Berufsfeld optimiert wird. Hier kommt es zu einem Schnittstellenmanagement als „Optimierung der Kommunikation zwischen zwei oder mehreren Systemen" (Volk/Miller 2013: 14), aber nicht nur von Seiten der Organisation, sondern vor allem auch durch die Portfolio-Schreibenden selbst.

Damit dieses Schnittstellenmanagement auch auf individueller Ebene gelingt, braucht es jedoch umfassende Anleitung und Begleitung. Das kann durch Lehrpersonen allein nicht geleistet werden, sondern muss ebenso von den zentralen Einrichtungen der Organisation (u.a. Kompetenzzentrum, Schreibzentrum, Bibliothek) mitgetragen werden. Während Sie als Lehrpersonen v.a. auf aufgabendidaktischer Ebene gefragt sind, indem Sie reflexive Praxis mit hohem Gebrauchswert in die Fachausbildung einbinden (vgl. dazu die Kap. 2 und 3), sind die oben genannten zentralen Einrichtungen für Einführungs- und Vertiefungsworkshops, Selbstlernangebote und individuelle Beratung verantwortlich. Aber auch Sie als Lehrperson sollten umfassende Unterstützung erhalten: beim kompetenzorientierten Aufgabendesign durch die Hochschuldidaktik und das Schreibzentrum, idealerweise unterstützt durch Experten und Expertinnen aus dem e-learning und beim technischen Know-how durch die IT-Verantwortlichen Ihrer Einrichtung.

Aus der Forschung zur Entwicklung hochschuldidaktischer Lehrkompetenz (u.a. Al-Kabbani/Trautwein/Schaper 2012) wissen wir, dass vereinzelte, einmalig erlebte Inputs wenig bringen, wenn es darum geht, Handlungsroutinen nachhaltig zu verändern. Deswegen habe ich in diesem Buch Vorschläge für ein Lehrportfolio unterbreitet und mit dem Anspruch verbunden, dass es langfristig geführt wird. Zwar ist der immanente Gebrauchswert dieses Mediums mit Blick auf die Aussagen von Al-Kabbani/Trautwein/Schaper (ebenda: 30f.) zur Bedeutung von Kompetenzentwicklungsmodellen für die Konzeption von Portfolios offensichtlich, aber Gebrauchswert im wahrsten Sinne des Wortes wird wohl erst umfassend für die einzelne Lehrkraft erlebbar, wenn Hochschulen und Universitäten in der Lage sind, das Lehrportfolio (bzw. dieses eingebunden in ein Berufsportfolio (*professional portfolio*) auf der Basis von Lehrstandards und Kompetenzentwicklungsmodellen als Beurteilungsinstrument konsequenter als bisher in Einstellungs-, Beförderungs- und Berufungsverfahren zu nutzen (vgl. Fendler 2012). Mit anderen Worten: Wenn in Stellenausschreibungen zukünftig der Link zum elektronischen Berufsportfolio als Teil der Bewerbung eingefordert wird, dann wird dieses Medium im Lehralltag endgültig angekommen sein. Bis dahin haben wir alle die große Chance, die Vorstellung von gelingender reflexiver Praxis an Hochschulen und Universitäten mitzuprägen.

Die beiden Bereiche, in denen die eingangs skizzierte Vision im deutschsprachigen Raum sicherlich noch am deutlichsten als Leerstelle und damit als Vision im wahrsten Sinne des Wortes zu bemerken ist, sind a) die Studieneingangsphase und die dem Studienbeginn vorangestellte Studienorientierung, -bewerbung und -zulassung und b) die Berufsberatung. Meines Wissens hat in den deutschsprachigen Ländern bei den Organisatoren von Kinder-Unis, Schnupperstudium, Einführungswoche und ähnlichen wichtigen Initiativen eine Sensibilisierung für die Notwendigkeit von reflexiver Praxis im Zusammenhang mit solchen neuen Erfahrungen wenn überhaupt, dann erst ganz zaghaft eingesetzt. Ähnliches beobachte ich im Career Center und anderen Einrichtungen bzw. bei Initiativen zur Erleichterung des Eintritts in das Berufsfeld. Zwar sind diesen Einrichtungen die von den Berufsfeldern signalisierten Erwartungen an Absolventinnen und Absolventen inzwischen besser bekannt, aber diese Informationen werden noch nicht konsequent als konkrete Handlungsaufforderungen an Lehre und Studium weitergegeben.

In beiden Fällen, bei der Optimierung des Übergangs von Schule zum Studium und vom Studium zum Berufsleben sind Sie als Lehrperson gefordert, die entsprechenden Informationen von den Verantwortlichen der Studieneingangsphase bzw. dem Career Center einzufordern, nicht zuletzt verbunden mit dem Ziel, aus der speziellen Sicht Ihrer Ausbildungsdisziplin, diese Übergänge in naher Zukunft auf der Basis von reflexiver Praxis und speziell mithilfe von ePortfolios aktiv mitzugestalten.

Literatur

Al-Kabbani, D.; Trautwein, C; Schaper, N. (2012): Modelle hochschuldidaktischer Lehrkompetenz – Stand der Forschung. In: Sczycrba, B.; Gotzen, S. (Hg): Das Lehrportfolio: Entwicklung, Dokumentation und Nachweis von Lehrkompetenz an Hochschulen. Berlin: LIT Verlag, S. 29-50.

Atherton, J. (2011): Learning and Teaching: Deep and Surface Learning. URL: http://www.learningteaching.info/learning/deepsurf.htm (Zugriff am 19.09.2013).

Bachmair, B. (2013): Auf dem Weg zu einer Didaktik mobilen Lernens. In: Schulpädagogik heute, 4/2013. URL: http://www.schulpaedagogik-heute.de/ (Zugriff am 20.2.2013).

Bachmann, T.; Becker-Mrotzek, M. (2010): Schreibaufgaben situieren und profilieren. In: Pohl, T.; Steinhoff, T. (Hg.): Textformen als Lernformen. Duisburg: Gilles & Francke, S. 191-210.

Barrett, H. (2009): ePortfolio. URL: http://blog.helenbarrett.org/p/ resources.html (Zugriff am 30.7.2013) bzw. http://electronicportfolios.org/balance/index.html (Zugriff am 30.7.2013).

Barrett, H. (2011): Balancing the two faces of ePortfolios. In: Hirtz, S.; Kelly, K. (Hg.): Education for a Digital World: Innovations in Education. Vancouver, BC: Open School BC, S. 289-307.

Bazerman, C. (2004): Speech acts, genres, and activity systems: How texts organize activity and people. In: Bazerman, C./Prior, P. (Hg.): What Writing Does and How it Does it. Hillsdale, NJ: Erlbaum, S. 309-340.

Beaufort, A. (1999): Writing in the Real World: Making the Transition from School to Work. New York, NY: Teachers College Press.

Beaufort, A. (2007): College Writing and Beyond: A New Framework for University Writing Instruction. Logan, UT: Utah State University Press.

Belanoff, P.; Dickson, M. (Hg.) (1991): Portfolios: Process and Product. Portsmouth, NH: Boynton/Cook.

Bolton, G. (2005): Reflective Practice: Writing and Professional Development. (2. Aufl.) Thousand Oaks, CA: SAGE.

Bräuer, G. (2003): Schreiben als reflexive Praxis. Tagebuch, Arbeitsjournal, Portfolio. (2. Auflage) Freiburg: Fillibach Verlag.

Bräuer, G. (Hg.) (2009a): Scriptorium: Ways of Interacting With Writers and Readers. A Professional Development Program. Freiburg: Fillibach Verlag.

Bräuer, G. (2009b): Reflecting the Practice of Foreign Language Learning in Portfolios. In: German as a Foreign Language, 2/3/2009, S. 148-166. URL: www.gfl-journal.de (Zugriff am 15.2.2013).

Bräuer, G. (2012a): Section Essay: Academic literacy development. In: Thaiss, C.; Bräuer, G.; Carlino, P.; Ganobcsik-Williams, L.; Sinha, A. (Hg.): Writing Programs Worldwide: Profiles of Academic Writing in Many Places. Anderson, SC: Parlor Press, S. 467-484.

Bräuer, G. (2012b): *Deep Learning* durch reflexive Praxis. In: Bräuer, G.; Keller, M.; Winter, F. (Hg.) (2012): Portfolio macht Schule. Seelze: Klett/Kallmeyer, S. 11-18.

Bräuer, G. (2012c): *Rubrics* als gemeinsames Denkwerkzeug: Portfolio-Einführung im Spannungsfeld von Unterrichts- und Schulentwicklung. In: Bräuer, G.; Keller, M.; Winter, F. (Hg.) (2012): Portfolio macht Schule. Seelze: Klett/Kallmeyer, S. 188-198.

Bräuer, G. (2013a): Die Kompetenz zur Reflexion stärken. In: Deutschunterricht, 3/2013, S. 24-28.

Bräuer, G. (2013b): Mit authentischen Lernarrangements Schreib- und Lesekompetenz nachhaltig verzahnen. In: Zeitschrift für den Deutschunterricht, 4/2013, S. 72-81.

Bräuer, G.; Keller, S. (2013): Elektronische Portfolios als Katalysatoren für Studium und Lehre. In: Koch-Priewe, B.; Pineker, A.; Leonhard, T.; Störtländer, J. C.: (Hg.) (2013): Portfolio in der LehrerInnenbildung. Konzepte und empirische Befunde. Bad Heilbrunn: Verlag Julius Klinkhardt, S. 265-275.

Bräuer, G.; Schindler, K. (Hg.) (2011): Schreibarrangements für Schule, Hochschule, Beruf. Freiburg: Fillibach Verlag.

Britton, J. (Hg.) (1975): The Development of Writing Abilities (11-18). London: Macmillan.

Bruffee, K. A. (1984): Collaborative learning and the conversation of mankind. College English, 46, S. 635-52.

Brookfield, S. (1995): Becoming a Critically Reflective Teacher. San Francisco, CA: Jossey-Bass.

Brown, G.; Chen, H.; Gordon, A. (2012): The annual AAEBL survey at two: Looking back and loooking ahead. In: International Journal of ePortfolio, 2/2012, S. 129-138.

Brunner, I.; Häcker, T.; Winter, F. (Hg.) (2006): Handbuch Portfolioarbeit. Seelze: Klett/Kallmeyer.

Cambridge, D.; Cambridge, B; Yancey, K. B. (Hg.) (2009): Electronic Portfolios 2.0: Emergent Research on Implementation and Impact. Sterling, VA: Stylus.

Cambridge, D. (2010): Eportfolios for Lifelong Learning and Assessment. San Francisco, CA: Jossey-Bass.

Cambridge, D. (Hg.) (2012): E-Portfolios and Global Diffusion: Solutions for Collaborative Education. Hershey, PA: IGI Global.

Degenhardt, M. (2014): Portfolioarbeit in der Hochschullehre. Konzepte – Anwendungsbereiche – Beispiele. In: Berendt, B.; Fleischmann, A.; Schaper, N.; Szczyrba, N.; Wildt, J. (Hg.): Neues Handbuch Hochschullehre (Basisjournal), Aktivierende Lehrmethoden C 2.13. Stuttgart/Berlin: Raabe Verlag, S. 57-82.

Dewey, John (1933): How we Think. Buffalo, NY: Prometheus Books.

Döring, N.; Kleeberg, N. (2006): Mobiles Lernen in der Schule. Entwicklungs- und Forschungsstand. In: Unterrichtswissenschaft – Zeitschrift für Lernforschung, 1/2006, S. 70-92.

Egan, K. (2010): Learning in Depth: A simple innovation that can transform schooling. Chicago, IL: University of Chicago Press.

Elbow, P. (1991): Foreword. In: Belanoff, P.; Dickson, M. (Hg.) (1991): Portfolios: Process and Product. Portsmouth, NH: Boynton/Cook, S. ix-xvii.

Fendler, J. (2012): Das Lehrportfolio als Beurteilungsinstrument in Berufungsverfahren an Hochschulen – Akzeptanz, Verwendung und Beurteilungskriterien. In: Sczycrba, B.; Gotzen, S. (Hg.): Das Lehrportfolio: Entwicklung, Dokumentation und Nachweis von Lehrkompetenz an Hochschulen. Berlin: LIT Verlag, S. 51-74.

Fink, M. (2010): ePortfolio und selbstreflexives Lernen. Baltmannsweiler: Schneider Verlag Hohengehren.

Galbraith, D. (2009): Writing about what we know: Generating ideas in writing. In: Beard, R.; Myhill, D.; Riley, J.; Nystrand, M. (Hg.): The SAGE Handbook of Writing Development. Los Angeles: SAGE, S. 48-64.

Hallet, W.; Krämer, U. (Hg.) (2012): Kompetenzaufgaben im Englischunterricht. Grundlagen und Unterrichtsbeispiele. Seelze: Kallmeyer.

Hascher, T. (2007): Lerntagebuch und Portfolio – Ermöglichung echter Lernzeit. In: Gläser-Zikuda, M.; Hascher, T. (Hg.): Lernprozesse dokumentieren, reflektieren und beurteilen. Lerntagebuch und Portfolio in Bildungsforschung und Bildungspraxis. Bad Heilbrunn: Verlag Julius Klinkhardt, S. 295-301.

Häcker, T. (2006): Vielfalt der Portfoliobegriffe. In: Brunner, I.; Häcker, T.; Winter, F. (Hg.): Handbuch Portfolioarbeit. Seelze: Klett/Kallmeyer, S. 33-39.

Hillocks, G. Jr. (1995): Teaching Writing as Reflective Practice. New York & London: Teachers College Press.

Himpsl-Gutermann, K. (2012): E-Portfolios in der universitären Weiterbildung. Studierende im Spannungsfeld von Reflexivem Lernen und Digital Career Identity. Boizenburg: Verlag Werner Hülsbusch.

Karpa, D.; Kempf, J.; Bosse, D. (2013): Das E-Portfolio in der Lehrerbildung aus der Perspektive von Studierenden. In: Schulpädagogik heute, 7/2013. URL: http://www.schulpaedagogik-heute.de (Zugriff am 20.2.2013).

Kellogg, R.T.; Olive, T.; Piolat, A. (2007): Verbal, visual, and spatial working memory in written language production. In: Acta Psychologica, 124, S. 382-397.

Kolb, D. A. (1984): Experiential Learning: Experience as a Source of Learning and Development. Eaglewood Cliffs, NJ: Prentice Hall.

Kreber, C. (2011): Educational development for critically reflective teaching: The challenge of challenging conceptions. In: Weil, M.; Schiefner, M.; Eugster, B.; Futter, K. (Hg.): Aktionsfelder der Hochschuldidaktik: Von der Weiterbildung zum Diskurs. Münster: Waxmann. S. 93–107.

Lahm, S. (2016): Schreiben in der Lehre. Opladen, Toronto: Verlag Barbara Budrich (UTB).

Levin, B. B.; Rock, T. C. (2003): The effects of collaborative action research on preservice and experienced teacher partners in professional development schools. In: Journal of Teacher Education, 54/2, S. 135-149.

Miller, D.; Volk, B. (Hg.) (2013): E-Portfolio an der Schnittstelle von Studium und Beruf. Münster, New York: Waxmann.

Moya, S.; O'Malley, M. (1994): A portfolio assessment model for ESL. In: The Journal of Educational Issues for Language Minority Students, 13, S. 13-36.

Paulson, F. L.; Paulson, P. R.; Meyer, C. A. (1991): What makes a portfolio a portfolio? Eight thoughtful guidelines will help educators encourage self-directed learning. In: Educational Leadership, 48/5, S. 60-63.

Pedler, M.; Burgoyne, J.; Boydell, T. (1988): Applying Self Development in Organisations. Eaglewood Cliffs, NJ: Prentice Hall.

Prior, P.; Looker, S. (2009): Anticipatory response and genre systems: Rethinking response research, pedagogy, and practice (unveröffentlichte Präsentation auf der „Conference on College Composition and Cummunication") San Francisco, CA.

Robertson, L.; Taczak, K.; Yancey, K. (2014): *Writing Across Contexts: Transfer, Composition, and Cultures of Writing.* Utah State University Press.

Rhodes, T. L. (Hg.) (2010): Assessing Outcomes and Improving Achievement: Tips and Tools for Using Rubrics. Washington, DC: Association of American Colleges and Universities.

Schön, D. A. (1987): Educating the Reflective Practitioner: Toward a new Design for Teaching and Learning in the Professions. San Francisco: Jossey-Bass.

Sczycrba, B.; Gotzen, S. (Hg.) (2012): Das Lehrportfolio: Entwicklung, Dokumentation und Nachweis von Lehrkompetenz an Hochschulen. Berlin: LIT Verlag.

Senge, P. (1990): The Fifth Discipline: The Art and Practice of the Learning Organization. New York, NY: Doubleday.

Tenhula, T. (o.J.): Improving Academic Teaching Practice by Using Teaching Portfolios. (http://www.hallinto.oulu.fi/optsto/tiveko/index.htm) (Zugriff am 13.09.2013).

Tremp, P. (2005): Verknüpfung von Forschung und Lehre: Eine universitäre Tradition als didaktische Herausforderung. In: Beiträge zur Lehrerbildung, 23/3, S. 339-348.

Vohle, F. (2013): Relevanz und Referenz. Zur didaktischen Bedeutung situationsgenauer Videokommentare im Hochschulkontext. In: Reinmann, G.; Ebner, M.; Schön, S. (Hg.): Hochschuldidaktik unter dem Zeichen von Heterogenität und Vielfalt. Norderstedt: book on demand, S. 166-181.

Vohle, F. & Reinmann, G. (2014). Social video learning and social change in German sports trainer education. In: International Journal of Excellence in Education, 2/2014, S. 1-11.

Vygotsky, L. S. (1978): Mind in Society: The Development of Higher Psychological Processes. Cambridge, MA: Harvard University Press.

Vygotsky, L. S. (1987): Thinking and speech. In: Rieber, R. W.; Carton, A. S. (Hg.): The Collected Works of L. S. Vygotsky, Bd. 1, New York, NY: Plenum Press.

Wahl, D. (1991): Handeln unter Druck. Der weite Weg vom Wissen zum Handeln bei Lehrern, Hochschullehrern und Erwachsenenbildnern. Weinheim: Deutscher Studien-Verlag.

Wolters, A. (2010): Hochschulforschung. In: Reinders, H.; Ditton, H.; Gräsel, C.; Gniewosz, B. (Hg.): Empirische Bildungsforschung. Gegenstandsbereiche. Wiesbaden: VS Verlag für Sozialwissenschaften, S. 125-136.

Wood, D; Bruner, J.; Ross, G. (1976): The role of tutoring in problem-solving. In: Journal of Psychology and Psychiatry, 17/1976, S. 89-100.

York-Barr, J.; Sommers, W. A.; Ghere, G. S.; Montie, J. K. (2006): Reflective Practice to Improve Schools: An Action Guide for Educators. 2. Aufl., Thousand Oaks, CA: Corwin Press.

Zubizarreta, J. (2009): The Learning Portfolio: Reflective Practice for Improving Student Learning. San Francisco: CA: Jossey-Bass.

Wichtige Links (Zugriff am 01.06.2016)

Digitale Portfolioanwendung (kommerziell): www.foliotek.com
Digitale Portfolioanwendung (nicht-kommerziell): www.mahara.org
Online Tutorial für die Nutzung der ePortfolio-Anwendung „Mahara“: http://imb.donau-uni.ac.at/etutorials/index.php5/Mahara
Online Tutorials für andere digitale Tools zur reflexiven Praxis: http://imb.donau-uni.ac.at/etutorials/index.php5/Hauptseite
Schreibzentrum der Pädagogischen Hochschule Freiburg (Hinweise und Materialien für die Anleitung und Begleitung von Portfolioarbeit): https://www.ph-freiburg.de/hochschule/weitere-einrichtungen/schreibzentrum/ueber-das-schreibzentrum
Digitale Vorlage für die Gestaltung einer FolioQuest: www.webquest.org
Helen Barretts Online-Ressourcen zur ePortfolioarbeit: http://electronicportfolios.com/
SIG für ePortfolio-Arbeit an Hochschulen in der Schweiz: https://www.eduhub.ch/community/special-interest-groups/e-portfolio/
Weltorganisation für ePortfolioarbeit: http://www.aaeebl.org (mit SIGs zum Studierenden-Portfolio und zum Lehrportfolio)
Lehrenden-Portfolios (best practice): http://www.aaeebl.org/?page=2011_Showcase
Internationales Netzwerk Portfolio: http://www.portfolio-inp.ch
European Network of ePortfolio Experts and Practitioners: http://www.eportfolio.eu/
E-Portfolio Network, Pädagogische Hochschule St. Gallen (Schweiz): http://eportfolio-phsg.ning.com/
International Journal of ePortfolio: http://www.theijep.com